유다의 사자 - 회복 ●

예수님은 우리를 구원하기 위해 희생의 어린양으로 오셨고 다시 오실 예수님은 왕의 왕이신 사자, 유다의 사자로 오십니다. 그림 속의 사자는 눈물을 흘리고 있습니다.
그의 눈물은 우리를 향한 영원한 중보자로서의 눈물이며 우리를 회복시키는 눈물입니다.
그의 눈물로 우리가 회복되고 다시 힘을 얻어 세상을 변화시키는 자로 일어서길 바라는 마음으로 이 그림을 그렸습니다.

● 주 품에

우리는 오직 아버지의 품에서만 완벽한 평화와 사랑을 느낍니다.
그림 속의 여인은 파란 드레스를 입고 있습니다.
여기서 파란색은 하나님의 계시를 상징하고 새로운 비전과 시작을 뜻합니다.
배경의 시간은 밤이고 이 여인은 어쩌면 슬픔과 절망 속에서 주님의 품에 안겨 있습니다.
그리고 백합이 흩날리게 떨어지고 있습니다.
백합은 예수의 향기, 천국의 향기를 뜻합니다.
주 안에서 새로운 시작을 꿈꾸고 위로받고 힘을 얻어 다시 일어서는 나의 모습을 생각하며 이 그림을 그렸습니다.

HEAVEN PAINTING

하나님 마음을 그리다

천국의 그림

자넷 현 지음

《사랑의 통역사》저자
샨 볼츠
추천

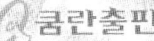쿰란출판사

/ 추천의 말씀 /

《천국의 그림》은 현재 시중에 나와 있는 책 가운데 이런 종류로는 유일한 책입니다. 이 책을 읽는 독자들은 창작 예술가의 내면 세계를 여행하게 될 것입니다. 이 책은 영적 시각 예술이라는 개념을 소개해 주고, 영적 예술이 무엇인지 쉽게 알 수 있도록 설명해 줍니다. 독자들은 이 사회의 어떤 분야에 속해 있든지 이 책에서 영감과 꿈을 얻게 될 것입니다.

자신의 정체성과 삶의 목적을 찾아가는 자신만의 여행 과정 동안 누렸던 하나님과의 친밀한 관계의 이야기를, 자넷은 마치 큰 폭의 그림을 그리듯, 독자들이 보기 쉽도록 훌륭하게 써냈습니다.

자넷 현은 나의 오랜 친구입니다. 나는 자넷의 예술성을 존경하고, 또 그녀의 창의력에 영적인 질투도 느낍니다. 하나님께서 주신 재능과 기름 부음을 통해 나오는 그녀의 독특한 예술세계는 놀라울 뿐입니다.

예배 시간에 자넷이 그림을 그릴 때마다 나는 그 그림들이 살아 움직이는 것을 보게 됩니다. 그녀가 그림을 그리는 과정을 보는 것은 음악보다도 더 생생한 예배가 될 때도 있습니다.

　독자들은 내가 이 책을 읽으면서 경험한 것을 같이 누리게 될 것입니다. 영적 예술과 창조성이 어떤 것인지, 하나님께서 자넷의 삶을 통해 확실히 알려주시는 것을 보게 될 것입니다.

　이 책에 쓰여진 글 가운데 "예언적 예술은 하늘과 땅을 연결하는 다리다"라는 말이 예술적인 우리 교회공동체의 선언 명제가 되었습니다. 실제로 자넷의 예술은 많은 사람들에게 다리가 되었습니다. 자넷이 자신의 가족과 아픈 추억들, 그리고 하나님을 만났던 순간들을 꾸밈없이 이야기한 것을 나는 참 좋아합니다. 이 책은 마치 자넷이 그리는 그림과 같이 깊고, 정감 있고, 이해하기 쉽습니다.

　우리가 사는 이 시대는 시각 예술과 교회의 관계가 다시 회복되어야 하는 시점입니다. 우리는 화가들과 미디어 전문가들을 비롯한 모든 분야의 예술가들을 대담하게 끌어안아 주님의 몸 된 교회의 예배에 새로운 개혁을 일으켜야 합니다.

나는 존 윔버(John Wimber) 목사님이 빈야드 교회(Vineyard Christian Fellowship) 운동 시절에 밴드 음악 분위기를 교회 안에서 시작하신 것을 기억합니다. 당시 드럼이나 베이스 기타를 써서 록 뮤직 같은 음악을 하는 교회들도 여럿 있었지만 빈야드 교회에는 그 세대에 예배 음악을 변화시키는 특별한 기름 부음이 있었습니다.

많은 사람들이 간과한 이런 변화는 그 세대에 하나님이 역사하시는 모습을 형성하는 데 큰 역할을 하여, 당시 역사상 가장 위대한 부흥운동의 하나인 'Jesus People Movement'를 이루어 냈습니다. 이러한 '친문화적' 음악은 어떤 설교 말씀보다도 더 빨리 사람들의 마음 문을 열었습니다. 이 새 예배 음악을 통해 천국이 이 세대 사람들의 마음속에 잉태되었습니다.

오늘날 교회에는 시각 예술이 필요합니다. 나는 어떤 집회에서 예언자 밥 존스(Bob Johns) 목사님이 하신 말씀에서 중요한 것을 배웠습니다. 존스 목사님은 연단에 있는 그림 하나를 가리키며, "이번 일곱 번 집회 내내 참석한 사람들은 여기서 들은 말은 거의 다 잊어버릴 것이지만 저 그림은 영원히 기억할 것입니다. 우리 설교자들보다 저 그림이 설교를 제대로 하고 있습니다"라고 하셨습니다. 과연 맞는 말씀이었습니다. 그 그림은 그 집회의 주제를 한눈에 보여주고 있었고, 집회 전체를 요약한 심볼이 되었습니다.

예술가는 우리가 사는 순간과 시기와 세대를 정의하는 일을 합니다. 예언적 예술가가 하는 일은 하늘이 땅을 침범하는 그 맹렬한 과정을 돕는 것입니다. 하나님을 한 번도 대면한 적 없는 사람이 예술의 아름다움과 강렬함을 통해 결국 하나님을 보게 됩니다. 하나님의 속성에 대한 신학을 가진 우리 크리스천들은 때로 그것을 눈에 보이는 것으로 표현해야 할 때가 있습니다. 그렇게 할 때 하나님이 어떤 분이신지 더 깊게 이해하게 될 뿐 아니라 하나님께서 우리 삶에서 어떻게 역사하시는지를 더 잘 알게 됩니다.

역사상 가장 많은 사람이 본 그림은 아마 시스틴 성당 천장에 그려진 그림일 것입니다. 그것이 가장 위대한 작품이 된 것은 예술가의 재능이나 그 그림 자체의 미학 때문이 아닙니다. 그 작품이 그토록 심오하고 위대하게 된 것은 그것이 그려진 시대와 연관되어 있습니다. 당시에는 사람들이 스스로 성경을 읽거나 해석할 수 없던 시대였습니다. 사람들은 글을 몰랐고, 특히 고대언어는 더욱 몰랐습니다. 교회는 사제들만을 따로 구별하여 그들만 성경을 읽고 가르칠 수 있게 했습니다. 사람들이 성경 말씀을 통해 하나님을 만나고 싶어도 만날 수 없었습니다.

그러나 이 일을 가능하게 한 것이 성당의 그림들이었습니다. 성당 벽에 성경 말씀을 차례로 그린 이 그림들은, 오늘날 기독교 영화가 할 수 있는 것보다 더 강력한 방법으로 보통 사람들의 마음을 하나님의 마음과 연결시켜 주었습니다. 오늘날에도 사람들이 세계 각지에서 시스틴 성당의 그림을 보러 옵니다.

하나님은 예술가들을 통해 당신의 마음을 세상에 쏟아 부어 주고자 하십니다. 자넷의 책이 우리의 정서와 영혼을 준비시켜 교회들이 이 새로운, 그러나 사실은 오래된 이 놀라운 예배 방식을 받아들여 완전히 꽃피우는 일이 가능하도록 해줄 것입니다.

크리스천들은 예술을 통해 선지자의 말씀을 들어야 합니다. 창조적 예술가들은 우리 기독교가 새 세대로 도약할 수 있도록 도울 수 있는 기별들로 충만합니다. 하나님께서 그동안 품고 간직해 오셨던 놀라운 계시의 말씀들이 이제 바야흐로 예술가들을 통해 우리에게 알려질 것입니다!

성령께 완전히 순종하여 이 책을 쓰는 데 많은 노력을 기울인 자넷에게 감사합니다.

우리가 자넷의 그림에서 분명히 보았던 것들이 어떻게 그녀의 삶에서 이루어져 나왔는지 이제 독자들은 마침내 알게 될 것입니다.

샨 볼츠(Shawn Bolz)
《하나님과 동행하는 사람들》,《천국경제의 열쇠》 저자

/ 프롤로그 /

꿈을 찾아가는 이야기

어렸을 때 우리 모두에게는 꿈이 있었다.

만화영화의 공주나 영웅 같은 천진한 꿈에서 시작해서 성공하여 훌륭한 사람이 되겠다는 대견한 꿈들도 있었다. 그러나 교육과 성장 과정에서 동화의 꿈은 유치한 이야기가 되고, 순수하고 맑았던 꿈들은 한때의 순진한 이상으로 잊혀 가게 된다.

철이 들어가면서 꿈이 희미해지고 없어지기보다는 오히려 꿈도 같이 성장해 가며 무르익는다면 얼마나 좋을까? 현실에 적응하고 살아남느라 꿈과 이상을 포기하는 것이 아니라, 오히려 그 도전과 자극 속에 자신의 꿈을 수정하고 업그레이드해 가며 자신의 성숙한 자화상을 가꿀 수 있다면 얼마나 좋을까?

나의 최초의 꿈은 무엇이었나? 여섯 살 때 나의 꿈은 세계적인 피아니스트가 되는 것이었다. 그런데 그 꿈은 일 년 만에 끝났다.

내가 항상 몸이 약하다고 생각한 어머니는 피아노를 치면 폐에 무리가 간다는 어느 의사의 황당한 말 한마디를 전적으로 믿었고, 결국 나의 첫 번째 꿈은 그렇게 끝나고 말았다.

그 후 어머니는 내가 그림 그리기를 좋아하는 것을 알고 나를 미술

학원에 보냈다. 그때부터 그림 그리는 것이 나의 일상이 되었다. 생각해 보면 나는 주어진 환경에 그저 적응하는 소심한 아이였다. 나는 비가 오나 눈이 오나 빠지지 않고 미술학원에 다녔다. 떠나 버린 아버지가 남긴 마음의 빈 공간을 도화지에 그림을 그리듯 채워 갔던 것이었을까?

이렇게 그림은 자연스럽게 나의 꿈이 되어갔다. 하지만 학생의 개별적인 창의력을 발견하고 키우기보다는 대학입시가 요구하는 그림을 가르치는 것이 우선이었던 당시 교육 시스템에 나는 적응하지 못했다. 그림을 좋아했지만 대입과 학교 교육이라는 틀에 맞지 않는 아웃사이더였다. 시험, 점수, 경쟁…이런 것들이 목표였던 사회에서 살아남고 성공하는 것에 자신이 없었다.

나는 선화예술고등학교를 졸업하고 미국으로 왔다. 그 후 나는 시카고 아트 인스티튜트(The Art Institute of Chicago)에 입학했다. 낯선 나라에 이방인으로 찾아온 1990년, 당시 그 학교에 한국인 유학생들은 손가락에 꼽힐 정도였는데 그중에는 이미 한국에서 작품활동을 하던 사람들도 몇 있었다.

한국인 학생들 중에서 가장 어렸던 나는 그런 사람들의 작가적 철학과 예술세계에 감동하였고, 나도 뭔가 나의 심오한 예술세계를 추구해 가겠다는 각오도 해보았다. 그러나 어린 나이에 너무 높고 깊은 경지를 엿본 것이었을까? 가야 할 길이 너무 아득해 보였다. 모든 것을 걸고 나의 전체를 던져 몰입할 자신이 없어졌다.

과감히 학교를 그만두었다. 꿈도 실현하고 화려하게 살고도 싶었다. 패션 디자이너가 되면 그렇게 할 수 있을 것 같았다. 로스앤젤레스로 와서 F.I.D.M에 들어갔다.

그 학교를 졸업하고 뛰어든 디자이너의 진짜 삶은 밖에서 보는 것과는 아주 달랐다. 순수예술과는 또 다른 치열함이 있었다. 예술과 산업의 결합된 구조 속에서 미를 상품으로 만들어야 하는 압박은 나에겐 낯설고 혹독했다. 상업적 적자생존의 원리가 지배하는 디자이너의 삶은 내게는 그야말로 전쟁터였다. 그렇게 나는 그 무게를 견디지 못하고 또다시 주저앉았다.

꿈을 수정해야 했다. 또다시 무언가를 찾아야 했다.

이렇게 꿈과 현실 사이에서 갈피를 잡지 못하던 나에게 사랑이 찾아왔다. 현실과 꿈 사이의 갈등에서 나는 안정된 공간, 결혼을 선택했다. 그러나 마음 깊숙한 곳으로부터 늘 허전함이 짙게 스며 나왔다. 나의 꿈은 여전히 나를 부르고 있었다.

이번에는 첫째 아이 출산 후에 LA 근처의 패서디나 아트 센터(Art Center College of Design in Pasadena)에 입학했다. 그리고 둘째 아이가 겨울 방학 때 태어났다. 참으로 고맙고 신기하게도 내 아이들은 이렇게 내 학교 스케줄에 맞춰 세상에 나와 주었다.

어쩌다 보니 내가 아기 엄마 학생이 되어 있었다. 엄마 노릇 하기와 미술 대학, 양쪽을 같이 하는 것은 돌이켜 생각해 보면 철없고 무모했던 그 시절이었기에 가능했다. 나름대로 한다고는 했지만 항상 이게 나의 최선이 아니라는 자책이 있었고, 내가 목표로 삼은 결과들을 이루기에는 언제나 한없이 부족했다.

무엇보다도 이곳의 치열한 경쟁 속에서 살아남을 자신이 없었다. 돌이켜 생각해 보면, 나는 항상 모든 일에 자신이 없었다. 프로 예술가의 세계는 절대 만만하지 않았다.

현대적 순수미술이 추구하는 심도 있는 정신적인 깊이보다 보통 사람들이 쉽게 이해하고 받아들일 수 있는 대중성을 추구한 나의 작품들은 항상 최종 심사까지 올라갔지만 마지막 관문에서는 예외 없이 탈락했다.

그런 일들이 몇 번 반복되자 나는 나 자신의 능력에 한계를 느꼈고, 지치기 시작했다. 어떤 꿈을 이루기 위해 이미 많은 값을 지불했다고 할지라도 포기는 한순간이면 충분했다. 나는 실패와 포기라는 익숙한 길을 다시 택했다. 그렇게 나는 평범한 전업주부로 현실 속에 살기 시작했다. 꿈은 이루지 못했다. 아니, 나의 꿈이 무엇인지 찾지 못했다. 감히 다시 어떤 꿈을 꾸어야 할지도 모르고 혼동되었다. 나의 삶의 의미와 이상은 무엇이란 말인가?

그런데 그렇게 자신의 한계 속에 넘어져 있는 나에게 주님이 찾아오셨다. 이것은 나의 삶에 일어난 가장 큰 사건이었다. 끝이 보이지 않는 어둠의 긴 터널에서 빛처럼 그분이 내게 다가오셨다. 주님은 보이지 않는 것을 보게 하셨고, 들리지 않는 것을 듣게 하셨고, 타성에 굳은 생각의 테두리를 뛰어넘게 하셨다. 둔해진 감성, 현실 속에서 무디어진 상상력이 다시 살아나기 시작했다.

그리고 나는 다시 꿈을 꾸게 되었다. 주님을 만나면서 내 속의 창작의 힘만 다시 소생한 것이 아니라 영원히 풀리지 않을 것 같았던 인생의 깊은 문제들이 하나씩 제 자리를 찾기 시작했고, 가족들 간에 얽히고 상처를 주고받던 관계들도 내 안에서 풀리기 시작했다.

그리고 나는 꿈에서도 상상하지 못했던 'Prophetic Artist'(예언적 그림을 그리는 자)가 되었다. 이것이 나의 두 번째 인생의 시작이다.

내가 하는 중요한 일은 찬양과 예배 안에서 그림을 그리는 일이다.

그림 그리는 것이 나의 예배다. 그림을 그리는 동안 나는 하나님의 치유와 기름 부음을 경험하고, 그렇게 해서 나온 작품으로 주님의 사랑과 은혜를 알리고 선포한다.

모든 종교는 각기 그 신과의 교감을 위해 시각적 이미지들을 사용한다. 불교의 탱화, 그 외 다른 종교들의 사찰과 사원을 꽉 채우고 있는 그림들은 장식보다는 영적 교류의 통로 역할을 위해 있던 것들이다. 그림은 육체의 감각을 통해 우리를 영적 실체에 눈을 뜨도록 일깨워 준다.

현실 세계에서 영적 세계로 이르는 문이 되고, 3차원과 4차원을 이어주는 고리가 된다. 사람이 존재하는 한 까마득한 역사의 시초부터 그림은 이렇게 사용되었다. 그림을 그릴 수 있는 능력은 창조주 하나님께서 사람에게 주신 창조성(creativity)이라는 그분의 본성의 일부다. 그림을 그리고 그림을 보면서 우리는 창조주 하나님과 영적으로 교류할 수 있다. 나는 나의 그림들이 이 땅과 천국을 연결해 주는 통로라고 믿는다.

나는 여러 다양한 장소에서, 많은 사람 앞에서 그림을 그린다. 그림 그리는 일은 나의 예배다. 나는 이렇게 하나님의 사랑을 드러내고 전하기 위해 그림을 그린다. 세상의 예술평론가들이 나의 그림을 어떻게 평가할지 나는 모른다. 하지만 이제는 그들의 평론이 나에게는 아무 의미가 없다. 나에게는 그림 그릴 능력을 주신 주님이 있고, 내가 그림을 그릴 수 있는 무대가 있고, 내 그림에 감명받는 평범한 사람들이 있고, 내 그림이 쓰일 넓은 세상이 있다.

이 책은 내 삶에서 나와 함께하시면서 나를 이끌어 오신 나와 주님의 이야기다. 소원, 계획, 노력, 연약함, 자신 없음, 타협, 포기, 실패, 타성이 뒤엉킨 혼돈의 끝에서 마침내 하나님이 나를 지으신 목적을 발견한 이야기다. 그리고 나를 지으신 주님의 그 목적을 통해 진정한 나의 자화상을 찾은 이야기다.

나에 대한 주님의 꿈을 받아들였을 때 내가 기대하거나 상상했던 것보다 훨씬 더 풍성한 복을 받게 되었고, 나에 대한 주님의 꿈은 나의 상상과 계획보다 훨씬 컸고, 비교할 수 없을 정도로 좋았다. 나는 천국의 이미지를 이 땅에 형상으로 표현하는 아티스트다. 이것이 내가 찾던 꿈이다. 나는 이제 나의 삶을 살고 있다.

자넷 현

/ 목차 /

추천의 말씀 / 샨 볼츠_《하나님과 동행하는 사람들》,《천국경제의 열쇠》저자 • 2

프롤로그 / 꿈을 찾아가는 이야기 • 8

01 새로운 시작 • 21
나를 감싸는 성령의 바람

02 그림엽서 • 26
일어나라, 빛을 발하라
시 / 미지의 세계

03 최고의 선물 • 34
천국의 시민권을 나누어 주는 것

04 부르심 • 40
나의 옥합을 깨뜨렸다
시 / 겸손

05 하나님 나라의 문화와 예술 • 52
21세기 르네상스를 바라며
시 / 기도

06 동행 • 64
한 손에는 붓을, 다른 손에는 지도를
시 / 축복의 씨앗

07 시각적 이미지의 전도 • 72
지구라는 갤러리에 열리는 주님을 위한 전시회
시 / 달린다는 것

08 약속 • 80
기본으로, 하나님께로
시 / 내 마음의 신호등

09 예수님의 계산법 • 88
믿는 자만이 볼 수 있는 것

10 어노인팅 • 93
천국의 연료
시 / 영감

11 핸드페인팅 • 102
당신의 하늘에 한 점 구름으로

12 천사 • 106
시험하기 위해서, 아니면 축복하기 위해서
시 / 세상은

13 의의 흉배 • 112
힐링을 입는다

14 보금자리 • 116
이 땅의 작은 천국

15 특정한 시간, 특별한 메시지 • 121
보물 찾는 아이가 되어
시 / 여행

16 야곱의 사다리 • 130
아트(Art) – 이 땅과 천국을 연결하는 다리
시 / 꿈

17 중보기도 • 138
천국의 기념품

18 천국의 보석 • 143
만져본 천국

19 물 위를 걷다 • 149
깊은 절망, 완벽한 평화
시 / 고독과 외로움의 다른 점

20 익스프레스 소포 • 158
주님의 시간에

21 아버지 • 162
천국의 자화상
시 / 나의 길

에필로그 / 그것은 사랑이었다 • 172

/ 01 /
새로운 시작

 **나를 감싸는 성령의 바람**

돌이켜 보면 나는 늘 꿈을 꾸며 살았다.

상상 속에서 나는 많은 꿈들을 꾸었고, 계획을 세웠다. 그런데 그것들은 대부분 현실과 거리가 먼 것들이거나 안개에 싸인 것처럼 확실하지 않은 것들이었다.

감사하게도 내게 주어진 남다른 기회들이 있었지만, 인생은 내가 계획한 대로 풀려나가지 않았다. 좌절, 실패, 포기가 연속된 삶이었지만 나는 계속해서 새로운 꿈들을 만들어냈다.

여전히 내가 가장 잘하는 것이 있다면 지치지 않고 꿈꾸는 일이다. 그리고 나에게 있어서 꿈은 인생이라는 자동차의 기름과 같은 것이었다.

여러 번 목표를 바꾸고 또 포기하기를 반복하고 나서, 나는 전업 주부와 아이들 엄마로 사는 것이 결국 내게 주어진 삶이라는 현실을 받아들였다. 그러나 채워지지 않는 것에 대한 목마름이 내 안에는 항상 있었다.

나는 마치 시든 꽃과 같이 말라가고 있었다.

2001년 1월, 나는 3박 4일 동안 열리는 크리스천 수련회에 참석했다.

주부의 일상에 지쳐 있던 나는 어떤 특별한 영적인 기대보다는 그저 오랜만에 나만의 생각할 시간을 보내고 싶었다.

수련회가 열린 산장은 주위가 온통 하얀 눈으로 덮여 있었다. 맑고 칼칼한 공기를 마시며 자연의 향기를 맡게 되니 나의 복잡한 마음이 깨끗해지는 느낌이었다.

산장 주위에서 아무도 밟지 않은 하얀 눈밭에 내 발자국을 찍으며 걸어 보았다. 뽀드득거리는 소리와 함께 나는 무심코 내 마음속의 주님께 물었다.

"내가 이렇게 내 삶 속에 발자국을 남기며 걸어갈 때 주님은 내 옆에 계셨나요?"

겨울바람 속에 이 질문을 날려 보내고 바로 잊었지만 이 물음은 허공으로 날아가 버린 것이 아니었다.

그 산장에서 많은 사람이 치유와 회복을 경험했다.

처음에 나에게는 그저 눈 덮인 산속으로 성경공부 온 것과 별로 다르지 않았다. 그런 중에 나도 하나님을 성경이라는 책의 지식이 아닌 나의 하나님으로 만나고 싶었다.

마지막 날의 집회에서, 나를 감싸는 성령의 바람으로 나는 쓰러졌다. 그 바람은 지금까지 내가 알고 느껴온 바람과는 완전히 달랐다. 따뜻하고, 포근하고…세상의 어떤 바람과 다른, 말로 도저히 표현할 수 없는 그런 달콤하고 부드럽고 강렬한 바람이었다.

그리고 주님의 목소리가 내 안에서 느껴졌다.

"나도 너와 함께 거기에 있었다."

나는 무슨 뜻인지 바로 알아들었다. 불현듯 머리에 떠오르는 사건이 있었다.

몇 년 전에 로스앤젤레스의 어떤 교회에서 열린 부흥회에 참석한 일이 있었다.

부흥회의 마지막 날, 차를 운전하여 그 교회 주차장으로 들어가는데 반대편에서 오는 차의 운전자의 얼굴을 언뜻 보게 되었다. 그분은 내가 아는 분이었는데 평소와는 달리 얼굴빛이 어둡고 잔뜩 긴장한 모습이었다.

이상하다는 느낌과 함께 차를 주차하고 내려서 어린 아들 유진이의 손을 잡고 걸어 나오는 순간, 그분이 운전하던 흰색 차가 나와 아들을 덮쳤다. 그 차는 우리를 치고, 교회 담벼락을 들이받고, 벽이 무너지고 나서야 멈췄다. 운전자가 브레이크를 밟는다는 것이 엑셀을 밟은 것이었다.

차에 치이는 순간, 어떤 고통도 느낄 여유도 없이 '이것이 죽는 것이구나…' 하는 찰나의 느낌과 함께 의식을 잃었다. 아들은 자동차에 허리를 들이받혀 몸이 붕 떠서 저만큼 나가떨어졌다.

사고를 현장에서 목격한 사람들은 우리 모자가 죽었을 것이라고 직감했고, 살아나도 심한 부상을 입었을 것으로 생각했다.

누군가 나를 흔들어 깨웠다. 기적과 같이 나는 일어났고, 몸에 아무 상처도 없었다. 마치 영화 속의 슈퍼맨이 일어나듯 옷의 흙먼지를 털고 일어섰다. 유진이 또한 다친 데 하나 없이 말짱했다. 천사가 공중에 뜬 아이를 받아서 살며시 바닥에 내려놓은 것 같았다.

그 사고를 눈으로 본 모든 사람이 이건 하나님이 보호하셨다는 말 외에는 도저히 설명되지 않는 사건이라고 했다.

성령의 바람으로 쓰러져 있는 내게 주님은 그 일을 기억하게 하셨다. 그리고 그때 그 자리에 나와 함께 있었다고 말씀하셨다.

우리는 주님의 보호로 기적적으로 살 수 있었지만 나는 그날의 기적을 까맣게 잊고 살아왔다. 삶 속의 불만과 좌절된 꿈들로 인해 감사도 기쁨도 없이 메마르게 살고 있던 내게 주님은 그때의 기적을 떠오르게 하심으로 나를 회복시키셨다

"나는 너와 함께 거기에 있었다."

그 사고 이후 나와 내 아들의 삶은 오직 주님께서 은혜로 연장해 주신 시간이었음을 나는 깨달았다. 영혼의 무기력과 치매에서 깨어나는 순간이었다.

그 이후 나의 삶이 달라졌다.

하나님의 은혜를 몸으로 영으로 겪고 나니 세상도 다르게 보였다. 빛이 프리즘을 통과해 무지갯빛으로 아름답게 퍼져 나가듯 내 눈에 세상이 살아 있는 것으로 비치기 시작했다.

매일 늘 스쳐가며 보던 하늘이고 구름이었지만 그 아득한 깊이와 너비를 헤아리며, 하나님이 창조하신 우주에 대한 감동을 느낄 수 있었다. 자연이 숨쉬는 소리가 들려왔고, 세상 모든 것이 처음처럼 새롭게 보였다.

그리고 내 마음속에 새로운 꿈이 잉태되었다.

주님의 아티스트!

처음에는 그것이 무엇인지 몰랐다. 무엇을 어떻게 해야 하는 것인지도 몰랐다. 끝없이 펼쳐진 바닷가에 서서 저편을 바라보는 것 같은 아득한 심정이었다.

의문, 혼동, 불안도 있었지만 내 마음속에 작은 겨자씨로 심긴 꿈은 성령이 부어 주시는 물로 싹이 트고 자라나고 있었다. 나의 이상도 그 꿈과 함께 점점 더 커지고 넓어져 갔다.

내 그림을 통해 세상을 변화시키고 싶었다. 이것이 내가 찾은 새로운 꿈이었다.

그리고 주님은 당신의 방법으로 나를 이끄시기 시작했다.

/ 02 /

그림엽서

 **일어나라, 빛을 발하라**

겨울 산장에서 그렇게 주님을 만나고 나의 영혼이 회복되기 시작하면서 나는 내가 가진 재능을 하나님 나라를 위해 쓰겠다고 결심했다.

그러나 막상 무엇을 어떻게 해야 하는지, 무엇부터 시작해야 할지 가르쳐 주는 사람도, 물어볼 사람도 없었다. 그리고 정말 주님께서 나를 이런 사명으로 부르셨는지도 분명한 확신이 없었다. 아무도 밟지 않은, 끝이 보이지 않는 눈밭 앞에 선 기분이었다.

우리가 알고 있는 성화라고 하면 대부분 중세 유럽 미술을 떠올린다. 흔히 책에서 쉽게 접할 수 있는 중세시대 유럽의 종교적 그림들은 인류 문화의 소중한 유산이기는 하지만 지금 이 시대의 오늘을 사는 우리에게 맞는 감각의 감동을 주는 것은 아니다. 역사 속의 오래된 문화유산은 귀한 것이지만 그것을 오늘날 유용하게 쓸 수는 없는 것과 마찬가지다.

나는 우리가 바로 오늘의 생활 속에서 나누고 느낄 수 있는, 이 시대의 감각에 울림을 주는 그런 성화를 그리고 싶었다.

그리고 이런 내게 주님께서는 한 구절의 말씀을 주셨다.

> 사 60:1 "일어나라 빛을 발하라 이는 네 빛이 이르렀고 여호와의 영광이 네 위에 임하였음이니라."

이 일을 어떻게 시작할까 고심하던 중에 내 그림을 엽서로 만들고 싶은 생각이 들었다. 이 엽서는 주님을 모르는 사람에게는 전도용으로, 성도에게는 용기와 은혜를 주는 도구로 두루 사용될 수 있을 것이라고 생각했다.

특히 내가 주님을 만났던 그 수련회에 오는 사람들에게 먼저 이 엽서를 선물로 주고 싶었다. 그래서 나의 첫 번째 성화 그림과 함께 내가 받은 말씀을 엽서에 넣었다. 디자인, 색상, 인쇄, 모든 것이 세련되지 않았지만 이 그림엽서는 분명히 많은 사람에게 감동을 줄 것이라는 꿈에 가슴이 부풀었다.

나는 용감하고 무모하게도 그 엽서를 만 장이나 인쇄했다. 그리고 그 수련회에 모인 사람들에게 주기 위해 두 시간 넘게 운전을 하여 산장에 도착했다.

그곳에는 130여 명이 모여 있었다. 설레는 가슴으로 이 모든 사람의 이름을 쓰고, 내가 받은 은혜의 말씀을 써 보냈다.

그날은 내 인생에 편지를 가장 많이 쓴 날이었다. 마침내 주님의 마음을 그려 사람들에게 전달했다는 그 사실에 나 스스로 너무 자랑스러웠다.

그런데 일주일 후, 내 엽서를 받은 사람이 하나도 없다는 사실을 알게 되었다. 세상에 어떻게 이럴 수가? 거기서 봉사하던 누군가가 엽서의 그림이 자기 마음에 들지 않는다며 그것을 전부 버린 것이었다.

아주 센 발길에 차인 것 같았다. 나는 절망했다.

'이 그림 사역은 주님이 주신 사명이 아니라 나 혼자만의 착각이었나' 하는 회의와 불신이 강하게 내 안에서 일어났다. 어떻게 만든 건데…만 장이나 찍었는데….

이 많은 엽서를 더 이상 다른 누구에게 줄 용기가 나지 않았다. 내가 주님을 만나고 새로운 꿈을 만났던 바로 그 산장에서 받은 충격으로 인해 나의 열정은 한순간에 싸늘하게 식었다.

그러던 어느 날, 어느 상점에서 처음 보는 어떤 여자와 우연히 잠깐 이야기를 나누게 되었다. 나는 가방 속에서 내 그림엽서를 찾아 조심스럽게 그녀에게 건넸다. 거절당할까 두려워 내가 그린 것이라는 말조차 하지 못했다.

몇 달 후에 내게 전화가 왔다. 내게 꼭 하고 싶은 말이 있다고…. 그렇게 우리는 다시 만났다.

놀랍게도 그 사람은 내가 은혜 받은 뒤 그림엽서를 보냈다가 상처를 받았던, 그 수련회의 국제부 코디네이터였다. 우리가 상점에서 만났던 날에 그녀는 새로운 스케줄을 받고 어떤 말씀과 계획으로 진행해야 하는지 기도를 하고 나오자마자 바로 나를 만나 그림엽서를 받은 것이었다.

그녀는 그 엽서를 복사해서 수련회에 온 사람들에게 나누어 주었고, 내 그림엽서와 말씀을 주제로 이미 두 번의 수련회를 은혜로 마쳤다고 감사의 인사를 내게 전했다.

우리 집 창고에 거의 만 장의 그림엽서가 쌓여 있었지만 주님은 단 한 장만으로 당신의 일을 하신 것이다.

이 일 이후 나는 한 번도 내가 부름을 받은 그림 사역에 대해 의심한 적이 없다. 어떤 인간적 실망과 방해가 있다 할지라도 하나님이 주신 비전은 반드시 뿌리를 내리고, 싹을 틔우고, 열매를 맺는다는 것을 주님은 이렇게 내게 알게 하셨다.

내 사역에 대해 많은 분이 궁금해하며 내가 어떻게 'Prophetic Art'(예언적 그림)를 시작했는지, 어떻게 이런 분야를 알고 배웠는지 그것에 대해 알고 싶어 한다.

이런 질문을 받을 때 나는 처음 하나님의 사랑을 그림으로 표현하기 시작하면서 경험한 나의 쉽지 않았던 여정들을 떠올리지 않을 수 없다. 내가 할 수 있는 대답은 내 경험에서 나온 것이다.

"성령께서 당신을 이끄시는 대로 하세요. 당신의 머리가 아닌 가슴이 원하는 걸 하세요. 그렇게 시작하면 주님께서 그다음 단계로 당신을 인도하실 겁니다."

　너무 평범하고 식상한 대답일지 모르나 바로 이것이 나의 답이다.

　일어나라, 빛을 발하라!
　이는 네 빛이 이르렀고 여호와의 영광이 네 위에 임하였음이니라.

　이 땅에 하나님의 나라가 임하기를 꿈꾸는 모든 사람을 향한 주님의 부르심이다. 지금은 우리가 일어나 우리의 빛으로 이 땅을 환히 비추어야 할 바로 그 시간이다.

물 위에 비친 주님 ●

미지의
세계

온종일 바둥거리며
거친 숨을 내쉬면서
눈앞에 닫힌 문들을 하나씩 열어 간다.
그리고 나는 스스로에게 묻는다.
무엇을 향한 발버둥인가?

때로는 온 힘을 다해 달려온 나의 시간이
무너져 내릴 것 같은,
이 어쩔 수 없는 절망감마저
나는 사랑하고 싶다.

뻥 뚫린 하늘을 보며
쏟아지는 빗속에서
하염없이 나를 젖게 만든다.

새 하늘이 어두운 구름을 치워 버린다.
그렇게 새로 태어난 하늘로부터
이 땅에 내려오는 빛이 있다.

그 빛을 받으면 나의 에너지는 충전이 되고
나의 발버둥은 세월의 발자국으로 남는다.

어제는 오늘의 나를 빚었고
오늘은 내일의 나를 조각한다.
그리고 내일은 내가 아직 가보지 못한
그 미지의 세계로
나를 인도한다.

/ 03 /
최고의 선물

 **천국의 시민권을 나누어 주는 것**

비행기 안에서 창밖을 내려다보면 우리가 바둥거리며 사는 세상이 참으로 작게 보인다. 사람은 개미보다도 작아 아예 눈에 보이지도 않는다.

별이 총총한 밤하늘, 이 우주는 얼마나 넓을까?

은하계와 가장 가까이 있는 안드로메다 은하와 우리의 거리는 250만 광년이라고 한다. 지금 우리 눈으로 보는 안드로메다 은하의 별빛은 250만 년 전에 비친 빛이라는 얘기다. 사실 내게는 그 개념조차 잘 잡히지 않는 이론이다.

우주에는 이런 은하의 숫자가 끝도 없이 펼쳐 있다고 하니 우주의 광대함은 실로 우리가 상상할 수도, 표현할 수도 없는 수준이다.

이렇게 무한하게 큰 우주를 지으신 창조주 하나님은 과연 어떤 분일까!

우리는 그분의 생각과 마음의 깊이를 헤아릴 수조차 없다. 그런데 우리는 우리를 향하신 하나님의 계획을 우리 눈높이와 우리의 한계 안에서 이해하고 추측하고 말한다. 하나님의 뜻을 마치 다 파악하고 있는 것 같이 생각하고 행동할 때도 있다.

온 우주의 창조자인 그분은 인류를 사랑하신다. 그 하나님은 우리 자신을 아버지로서 사랑하신다. 또 이 땅에 있는 우리 각자를 향한 하나님의 개별적인 섭리와 계획을 가지고 계신다. 이것이 얼마나 놀라운 일인지….

무한히 큰 우주를 다스리시는 하나님께서 우리 인간을 죄에서 구원하시기 위해 아들 예수를 보내셨다. 예수는 우리 죄를 대신 지고 십자가에서 우리를 위해 돌아가셨다. 그 사랑을 알고 받아들이게 되면 감격하지 않을 수 없고, 다른 사람들에게도 그 사랑을 전하지 않을 수가 없다.

주님을 만난 후 나는 주위 사람들의 영혼 구원에 대해 마음의 부담을 가지게 되었다.

영화 "쉰들러 리스트"처럼 내 주위의 전도할 사람들의 명단을 적기 시작했다. 그리고 그들 한 사람 한 사람에게 내가 만난 하나님을 전할 방법을 구체적으로 계획했다. 그 리스트에 있는 각 사람의 성향, 기호, 관심, 그리고 나와의 관계와 성격에 따라 각각 다른 계획을 세우고, 한 명씩 개별적으로 만나 내가 알게 된 주님의 사랑을 말해 주었다.

그 사람이 복음을 듣고 받아들일 때마다 명단에서 이름을 지웠다. 이렇게 하다 보니 어느새 리스트에 올라 있는 사람들의 이름이 거의 다 지워져 갔다. 대부분 주님을 영접하고 기꺼이 복음을 받아들였다.

내가 만난 주님을 전하는 것은 너무나 쉬웠고, 항상 내게는 또 다른 감동을 가져왔다.

복음을 전하기가 가장 어려운 사람들은 가족이다. 서로 너무 잘 알아서 대화 내용을 심각하게 받아들이지 않기 때문일 것이다.

나는 우선 내 시누이에게 복음을 전했다. 내가 주님을 만났던 수련회에 가는 것을 권했다. 큰 회사 안에서 식당을 운영하고 있었기에 참석할 시간이 없었고, 게다가 회비까지 내고 갈 마음은 더욱 없었다. 그녀는 가끔 TV에 나오는 기독교 방송 설교를 들었다면서 아주 간단하게 거절했다.

어떻게 해야 할까? 고민하는 중에 주님께서 한 가지 생각을 주셨다. 시누이가 내 그림 중에 특별히 한 작품을 좋아해서 꼭 가지고 싶어 하는 것이 있었다. '이 그림을 드린다고 하면 갈지도…' 하는 생각이 들었지만 사실 그 그림을 주는 것이 아까웠다. '꼭 이렇게까지 해야 하나…다 때가 되면 이루어질 텐데…' 하는 생각도 겹쳐서 마음에 갈등이 있었다.

그런데 그런 내 마음속에 "네 그림이 그 사람의 영혼보다 소중하냐?" 하고 주님이 마치 내게 물으시는 것 같았다. 결국 나는 시누이에게 수련회에 갔다 오고 그 후 10주간 성경공부를 마친다면 그 그림을 드리겠다고 제안했다.

그녀는 잠시 고민을 하는 것 같더니 4일의 휴가를 내고 회비를 내면 그 그림을 가지게 된다는 계산으로 수련회에 참석했다. 그리고 거기서 그렇게 주님을 처음 만났다. 그 후 시누이는 10주간의 성경공부도 마쳤고, 원하는 내 그림도 받았다. 한 영혼을 주님께 인도한 그림이니 그 그림에는 주님께서 천국의 가격을 붙여 놓으셨을 것이다.

이렇게 사람들에게 전도하는 동안 평생 삶 자체가 각박하고 메마른 어머니에 대한 안타까움은 내 마음을 더 무겁게 만들었다. 내가 어렸을 때 아버지와 헤어지고 나서 엄마는 누군가의 전도로 한동안 신앙생활을 시작하셨다. 그런데 그 후에 스스로 신실한 신자라고 자칭하는 아버지로 인해 마음의 상처를 받고 미련 없이 교회를 떠났다.

그렇게 스스로 마음을 닫은 엄마의 삶은 늘 예민하고 마음에 평안이 없었다. 나이가 들어 사람들 만나는 사교의 장소로 교회를 다녔지만 그 이상의 의미는 없는 것 같았다. 어머니의 굳게 닫힌 마음은 나의 힘으로 열 수 없었다.

어느 날 저녁 늦게 어머니에게 전화가 왔다. 갑자기 심하게 어지럽고 토한다는 것이었다. 섬찟 불안한 느낌에 구급차를 부르고 어머니의 아파트로 갔을 때는 이미 자정이 지났다.

거의 실신 상태의 어머니를 모시고 병원으로 가면서, 그리고 응급실의 문이 닫히는 순간까지도, 내 마음속에는 후회와 자책이 자꾸 솟아올랐다.

구원의 확신도 없이 이대로 돌아가신다면 그 영혼은 어떻게 되나! 주님께 제발 한 번의 기회만 더 달라고 기도를 드렸다. 그날 간신히 위급한 상황을 넘기셨다.

그 전날 어머니는 꿈에 하얀 커튼이 당신의 이마까지 덮고 있는 모습을 보았다고 했다. 죽음의 문턱에 갔던 것이다. 그 일 이후 어머니의 강한 자아는 한풀 꺾였다. 그리고 주님을 영접하셨다.

내가 주님의 일을 할 때 주님은 나의 일을 해주신다는 사실을 나는 이렇게 분명히 실전에서 배워 나갔다. 내가 영혼을 향한 안타까움과 부담을 가지고 다른 사람들을 주님께 인도하면서도 어떻게 할 수 없었던 엄마의 영혼 구원을 주님께서 당신의 방법으로 해주신 것이다.

어머니가 언제 주님의 부르심을 받고 이 땅을 떠날지 모르지만 내 마음에는 아무런 불안이 없다. 어머니의 이름이 하늘 생명책에 기록되었음을 알기 때문이다.

사람들은 건강하게 오래 살기 위해 무엇을 먹고 마셔야 하나 늘 고민한다. 그러나 영혼의 생명과 영혼의 건강에 관해서는 급한 마음이 별로 없다. 몸이 사는 것보다 더 궁극적으로 중요한 것은 영혼이 삶을 얻는 것이다.

사람들은 대부분 오늘 하루를 살아가는 모습이 바로 영원한 미래를 준비하는 과정이라는 것을 깨닫지 못한다. 신앙은 눈에 보이지도 않고 당장 어떤 이익이 따르는 일도 아니기 때문에 아주 쉽게 삶의 우선순위에서 뒤로 밀려난다.

'때가 되면, 시간이 되면, 언젠가는….' 사람들은 그렇게 자신을 위로하면서 현실에 치이고 흘러가며, 그렇게 혼자만의 타당한 이유를 자신에게 설명하며 살아간다.

복음은 듣고 믿어 구원을 받는 우리를 향한 하나님의 최고의 선물이고, 영원한 삶을 위한 오직 하나의 열린 문이다. 그 문을 열었을 때 우리는 천국의 시민권을 받는 것이다. 그리고 시민권을 받은 사람에게는 죽음이 끝이 아니라 영원한 천국의 삶으로 가기 위한 또 다른 시작이다.

이런 기막힌 사실을 알려 주는 것이 바로 전도다. 그 어떤 것으로도 비교할 수 없는 가장 값진 선물이다. 혹시 이 순간 그 선물을 주고 싶은 사람이 생각났다면 주저하지 말자. 어쩌면 이것이 그 사람에겐 마지막 선물을 받을 기회일 수도 있지 않을까?

/ 04 /
부르심

 **나의 옥합을 깨뜨렸다**

2006년 어느 따뜻한 봄날 일요일 예배시간, 내 인생의 방향을 완전히 바꿔 놓은 극적인 사건이 일어났다.

그날 목사님은 헌금에 관해 설교하시면서, 우리가 주님께 드릴 때 어떻게 온전히 마음을 다하여 드려야 하는지를 말씀하셨다. 나는 어떤 감동보다 그저 덤덤하게 설교를 듣고 있었다. 그런데 갑자기 천둥 번개 같은 소리가 들렸다.

하나님의 목소리였다. 그냥 내 생각과 느낌에 그랬다는 것이 아니라 정말 하나님의 들리는 목소리였다. 난생처음 나는 실제로 하나님의 분명한 목소리를 들었다.

"나는 너에게서 온전히 받은 것이 하나도 없구나."

나는 깜짝 놀랐고, 곧 혼란하고 당황스러워졌다.

나는 그런 대로 헌금도 잘 드려 왔고, 선교에도 마음을 가지고 내 나름대로 노력해 오지 않았던가. 적어도 이 정도면 노력하고 있었던 것 같은데….

내 속 깊숙이 깔린 나 자신의 의로움 위에 지어진 내 영적 자아가 일시에 무너져 버리는 충격이었다. 주님이 나로부터 온전히 받으신 것이 없다는 그 말씀은 이미 충격을 넘어 허탈감과 절망을 내게 가져왔다. 뜨거운 눈물이 눈이 아닌 심장에서부터 흘러 나왔다.

주님께 물었다.

"무엇을 드려야 온전히 받으시겠습니까?"

아버지에게 꾸중을 들으며 엉엉 울면서도 말대답을 하는 어린아이의 모습 그대로였다. 그런데 하나님은 일초의 기다림도 없이 아주 간단명료하면서도 자세하게 말씀하셨다.

"그림 스물여덟 장을 52일 동안 그려서 대만 신학교에 보내라."

그 말씀을 들으며 그저 주체할 수 없이 눈물을 흘리면서 울었다. 마치 천둥 번개가 치고 거대한 태풍이 와서 쓸고 지나간 것처럼, 내게 남겨진 것은 산산이 부서져 버린 내 자아의 폐허였다.

대만과 연결되어 내가 알고 있는 유일한 사람은 대만 신학교로 파송을 준비하고 있던 어떤 목사님이었다. 당시 미국 은혜한인교회에서는 대만 복음화를 위해 신학교 건물을 사 놓고 있었다.

내가 들은 바에 의하면 그 건물은 원래 도교의 센터였다. 그 건물을 구입할 때부터 그 일에 헌신하고 있던 분들에게 이해하기 힘든

향유옥합 ●

일들이 벌어지고, 사고들이 실제로 일어났다. 그 당시 그곳은 치열한 영적 전쟁터였다.

하나님께서 대만 신학교를 위해 그림을 그리라고 명령하시기 일주일 전쯤 그 목사님께서 내게 전화를 하신 일이 있었다. 대만 파송 준비를 위해 몇 주간 기도원에서 금식하고 계신다면서 나의 안부를 묻는 아주 간단한 전화였다.

사실 그때 그분이 내게 하지 못한 말, 그 못 다한 이야기를 주님께서 내게 해주신 것이다.

나는 곧 그 목사님께 전화해서 예배시간에 내게 일어난 일을 말씀드렸다. 그 목사님은 말할 수 없는 감동과 함께 그제야 자신의 이야기를 내게 들려주셨다.

대만 신학교 책임자로 파송을 앞두고 그분은 모스크바의 어떤 신학교를 견학했다. 거기서 그분의 영적 아버지였던 목사님이 신학교 운영의 행정적인 면을 보지 말고 학생들을 하나로 만드는 영적인 흐름을 파악하라고 했다.

그 학교를 둘러보는데 건물 복도마다 성화가 걸려 있었다. 그 그림들을 통하여 성령께서는 그 앞을 지나는 학생들의 영성을 만지셨고, 그것은 성령의 바람이 되어 흐르면서 학교 전체의 영적인 분위기를 형성한 것을 깨닫게 되었다.

그리고 목사님은 회의시간에 성령께서 깨닫게 하신 것을 나누었고, 미국에 돌아가면 내게 그림을 한 점 부탁해서 대만 신학교로 가져가겠다고 생각했다. 그리고 돌아와 금식하던 중에 내게 성화 한 점을 부탁하려고 전화를 했지만 차마 미안한 마음에 말을 못 꺼내고 그냥 안부만 물어보신 것이었다.

그 목사님은 자신의 인간적인 생각으로 내게 부탁하지 않고 대신 하나님께 부탁했다. 그런데 주님께서는 그분이 생각했던 대로, 하지만 한 장의 그림이 아니라 자그마치 스물여덟 장의 그림을 52일 만에 그리라고 나에게 직접 주문하신 것이다.

그 후 그 목사님과 나는 하나의 목적을 가진 동역자가 되었다. 나는 그림을 그리기 시작했고, 목사님은 이 일을 위해 중보기도를 시작하셨다.

성경의 느헤미야는 하나님의 명을 받아 52일 만에 무너진 예루살렘 성벽을 재건했다. 주님은 52일 동안 나의 꿈과 사명과 삶을 회복시키셨다.

"나는 너에게 온전히 받은 것이 하나도 없구나" 하신 그 말씀은 그림을 그리는 52일 동안 내 마음을 망치로 치고, 끌로 쪼갰고, 나는 끝없이 흐르는 회개와 감격의 눈물로 내 영혼과 마음을 씻어냈다.

그리고 내 그릇이 깨끗하게 되었을 때 주님은 그 안에 당신의 꿈을 쏟아 부으셨다. 그리고 나는 기름 부음(anointing)을 체험했다.

기름 부음이 임하면 시간과 공간을 뛰어넘고, 기름 부음이 임하면 할 수 없는 것을 할 수 있게 되고, 기름 부음이 임하면 나의 노력이 아니라 은혜로 되고, 기름 부음이 임하면 악도 선을 빛내는 조연으로 쓰인다는 것을 알게 하셨다.

당시 아이가 셋이었고 일도 하고 있었기 때문에 사실 나에게는 그림을 그릴 충분한 시간이 없었다. 그러나 하나님의 주문 배달 날짜를 내 사정으로 늦추거나 어길 수는 없었다.

나는 달력 위에 52일의 날짜를 세어 동그라미를 쳤다. 그리고 식구들과 저녁 식사가 끝나면 곧 그림을 그리기 시작했다. 놀랍게도 매 그림마다 스케치부터 한 치의 실수도 없이 착착 그려지고 완성되는 것이었다. 이것은 내 힘과 능력이 아니었다. 성령이었다!

내가 그림을 그리지 않았던 수년의 세월을 마치 따라잡기라도 하듯 너무나 빠르게 발전되는 내 그림들은 이미 내 수준이 아니었다.

이렇게 52일 동안 은혜와 감동이 충만한 시간 속에서 잊지 못할 어둠의 공격도 있었다.

어느 날 새벽, 내 딸이 자다가 깨어 화장실을 가려고 방에서 나왔는데 아래층에서 이상한 목소리를 들었다. 중국어 계통의 비슷한 말 같았다고 했다. 겁에 질린 아이는 얼른 방에 돌아와 침대에 누워 자는 척을 했다. 하얀 복면을 쓴 두 강도가 어둠 속에서 손전등을 비춰 가며 아이들 방과 내 작업실을 살폈다. 그리고 안방 문을 열기 위해 애쓰다가 서로 말다툼을 했다. 그러다가 새벽 6시에 알람이 울리자 달아났다.

뾰족한 철사 하나로도 열리는 문을 그 강도들은 열 수가 없었고, 화장실 가려고 깨어났던 딸을 제외하고 다른 모든 식구는 마치 잠자는 숲속의 공주처럼 깊이 잠들어 있었다.

2층 창문으로 강도들이 떠나는 것을 보고도 아이는 겁에 질려서 방에서 나오지 못하다가 아침 9시가 거의 되어서야 울면서 우리 방문을 두드렸다.

경찰 조사에서 아이의 증언은 모두 사실로 밝혀졌다. 참으로 신기하게도 강도들은 어떤 물건도 훔치지 않았고 오직 안방 문만 열려고 했다.

하나님의 보호하심으로 우리는 모두 그 와중에도 깊고 편한 잠을 잘 수 있었다. 하나님은 강도들의 눈을 어둡게 하셔서 어떤 물건에도 손대지 못하고 서로 싸우게 하셨다. 그리고 내 딸을 깨우셔서 하나님이 우리를 어떻게 보호하셨는지를 증인으로 우리에게 알게 하신 것이다.

그렇게 은혜와 감동과 눈물과 기쁨, 그리고 극적인 사건 속에 52일이 지났다.

달력에 동그라미 친 52일째 되는 날, 스물여덟 장의 그림을 주님께 드리는 예배를 드렸다. 정말 마리아가 옥합을 깨는 심정으로 주님께 바쳤다.

"주님, 저에게 아무것도 온전히 받으신 게 없다고 하셨는데 이것들은 제발 받아주세요!"

그때 나도 내 마음의 옥합을 깨뜨렸다.

그렇게 나온 그림들은 대만 신학교로 보내졌고, 그 후에 북한 선교 영상으로, 달력으로, 프린트로 인쇄되어 많은 사람에게 감동을 주었다. 그 52일의 기간은 천국의 화가가 되기 위한 훈련 코스였다. 나의 꿈은 세상의 화가가 되는 것이었지만 나를 향하신 주님의 꿈은 내가 천국의 화가가 되는 것이었다.

나에게 온전히 받은 것이 하나도 없다고 하신 주님은 사실 당신 자신을 위해 나에게 무엇을 요구하신 것이 아님을 나는 알게 되었다. 그것은 나를 위한 것이었다.

하나님이 달라고 하시는 것은 더 큰 것을 주려고 하시기 때문이다. 먼저 드리지 않으면 받을 수 없다. 마치 먼저 씨를 뿌리지 않으면 거둘 수가 없는 것 같이.

만일 그때 주님이 나를 부르셨을 때 내가 순종하지 않았다면 어떻게 되었을까? 생각만 해도 아찔하고 두렵다.

내가 게으름으로 혹은 여러 합리적인 나만의 이유를 둘러대며 그분의 음성과 명령에 순종하지 않았다면, 나를 향하신 그분의 놀라운 꿈과 계획을 모르고 지나쳤을 것이다.

하나님의 계획은 나의 계획과는 전혀 다른 것이었고, 훨씬 좋은 것이었다. 그렇게 단 한 번 무조건의 순종으로 나의 인생은 완전히 변화되었다.

주 품에 ●

겸손

우리는 무엇을 겸손이라 말하는 것일까?
튀지 않는 수수한 외모와
깍듯한 존대어로 상대를 올려줄 때
자신의 공로를 남에게 내어주는 자
세상의 겸손은 이렇게 그들을 일컫는다.

하지만 하늘의 겸손은
허울과 가식으로 상대방을 높이기 전에
자신을 먼저 내려놓을 줄 아는 사람.

높은 곳에 있지만 낮은 곳을 품고
기도할 수 있는 사람.
미천한 곳에서도 하늘을 사모하고
주님의 자존심을 세상에서 지킬 줄 아는 사람이다.

겸손이란

사명과 헌신을 사랑이란 그릇 안에

담을 수 있는 자만이 소유하는 그들만의 성품.

인간적 겸손은 세상의 눈으로 판단받지만

성령의 열매인 겸손은 세상을 변화시키는

천국의 열쇠이다.

/ 05 /
하나님 나라의 문화와 예술

21세기 르네상스를 바라며

찬양 중에 그림을 그리는 워쉽 페인팅(worship painting)은 말 그대로 그림을 통한 예배이다. 우리가 노래와 기도와 말씀으로 예배하듯, 하나님이 주신 영감을 그림으로 표현하는 자체가 또 다른 예배의 방법이다.

대다수의 사람들에게 이것은 매우 낯설다. 새로운 것은 때로 사람들을 불편하게 할 수 있다. 사람들은 눈과 귀에 익은, 이미 알고 있는, 그래서 편한 옛것을 더 좋아한다.

하지만 항상 옛것은 가고 새것이 오듯이, 세대가 지나면 그 시대를 대변하는 생각과 유행도 변하고 문화의 방향도 변한다.

그리고 옛것과 새것, 과거와 현재로 넘어가는 전환점인 시간에 사는 사람들은 항상 그 사이에서 고민을 한다. 역사를 살펴보면 그 수많은 갈등 속에서 항상 새로운 개혁은 시작되었다.

　예배시간 찬양 중에 그림을 그리는 나의 사역은 사람들에게 익숙하지 않다. 그림 그리는 일이 원래 화가의 작업실에서 이루어지는 개인적인 일이기 때문에 많은 사람이 지켜보는 곳에서 그림을 그리는 것이 보는 사람에게만 생소하게 느껴질 뿐 아니라, 사실 그림을 그리는 사람에게도 부담스러운 일이 될 수 있다.
　그러나 우리가 익숙하고 편안하고 머리로 이해되는 것들만 계속한다면 우리는 결코 하나님의 독특한 인도하심을 만날 수 없다. 새롭고 낯설고 잘 이해되지 않는 일이라도 순종하며 나아갈 때 우리는 그 기적을 체험할 수 있다.
　우리가 예배를 드릴 때, 곡조 붙은 기도인 찬양을 통해 주님을 경배하고 목사님은 말씀을 통해 우리에게 복음을 전하듯이, 예배 중에 그림을 그리는 것은 하늘의 메시지를 시각적 이미지로 사람들에게 전하는 것이다.
　나는 이런 사역이 잃어버린 교회의 미술을 다시 일으키는 촉매 역할을 할 것이라고 믿는다.

　교회와 미술의 사이는 가깝지 않다. 같은 예술이면서도 음악이 교회와 예배의 중요한 일부인 것과는 완전히 반대되는 현상이다. 원래는 그렇지 않았지만 교회와 미술의 사이는 언제부터인가 멀어져 버렸다.

우리가 성장한 교회 문화에서 미술의 자리는 거의 없었다. 그러나 성경을 잘 살펴보면 하나님은 완벽한 건축가였고, 섬세한 장인이었으며, 멋진 의상 디자이너였고, 놀라운 조각가였다. 그리고 이 모든 예술의 구체적 작업을 지시 감독한 예술 감독이시기도 했다.

출애굽기 31장에는 하나님이 선택하고 임명하신 아티스트 두 사람의 이야기가 나온다. 브살렐과 오홀리압이라는, 하나님의 영이 충만한 장인들이 있었다. 이들에게 주어진 프로젝트는 성막을 짓는 일이었다. 하나님이 친히 디자인하신 성막을 완벽하게 지을 건축, 공예, 예술가들로 그들은 택함을 받았다. 하나님은 그들을 부르셨고, 지혜와 총명과 재능을 더해 주셨다.

하나님의 영이 없이, 인간의 불완전한 능력으로 하나님의 집인 성막은 결코 지어질 수 없었다. 하나님은 성막의 구조, 규격, 재료, 색깔까지 모두 자세히 지시하셨다. 그뿐 아니라 그 안에 사용되는 모든 가구, 기구, 장식물, 제사장의 옷, 그 옷을 장식할 보석의 종류 하나하나까지 모든 것이 다 그분의 디자인에서 나온 것이다.

세상의 그 어떤 일류 디자이너도 이보다 섬세하고 자세하게 그것을 만드는 사람들에게 지시할 수 없다. 그분은 그 어느 사소한 부분도 브살렐과 오홀리압, 심지어 모세 스스로 할 수 있도록 남겨 두신 것이 하나도 없었다.

하나님은 인간의 아이디어나 능력을 믿으신 것이 아니라, 브살렐과 오홀리압의 순종을 믿으셨기 때문에 그들을 선택하신 것이다. 그리고 그들을 부르신 주님은 그들이 그 일을 넉넉히 완수할 수 있도

사자와 독수리 ●

록 능력을 주셨다.

성막을 짓는 일은 일류 건축가의 설계부터 작업공정보다 더 상세하게 계획되었다. 어떤 우연의 일치나 우발적으로 발생한 효과 같은 것이 끼어들 자리가 아예 없었다.

모든 것은 태초부터 계획된 하나님의 작품이었다. 그리고 그분의 명령에 따라 모세와 두 장인은 그 모든 일을 순서대로 정확하게 끝냄으로 하나님의 영광이 거하실 장소를 완성했다. 하나님은 한 점의 실수도 허용치 않는 절대적인 아름다움의 완성을 원하셨다.

만일 우리가 브살렐과 오홀리압처럼 자신의 판단과 능력이 아닌, 주님의 영에 충만하여 우리를 향하신 그분의 계획을 온전히 따른다면 우리도 그런 완전한 아름다움의 결과를 우리 눈앞에서 보게 될 것이다.

하나님 나라에서 아름다움, 예술은 아주 중요한 요소다. 미술은 하나님 나라에서 필수다.

서양문화의 찬란한 예술과 역사의 뿌리는 바로 기독교다. 초기 신자들은 박해를 받으면서도 예술생활을 했다. 지하 묘지 카타콤에 숨어 핍박을 피해 공동생활을 할 때도 벽화를 그렸다.

핍박과 위기 속에서도 사람들은 그림을 통해 하나님과 교류했고, 자신들만의 영적 교감을 나누었다. 그 후 2천여 년 동안 기독교 미술은 보통 사람들에게 하나님의 권능과 사랑을 가르쳐 주는 시각적 통로 역할을 했다.

문화와 예술이 찬란히 꽃피웠던 르네상스 시대에 그려진 이탈리아 시스티나 성당 천장의 미켈란젤로의 "천지창조"는 우리에게 잘 알려진 인류문화의 명작이다. 아마도 그것을 그리던 오랜 시간이 화가에게는 천상에 보내는 최고의 예배였을 것이라고 생각한다. 지금까지 얼마나 많은 사람이 그 그림을 보며 하나님의 영광과 은혜에 감동을 받았을까.

그 당시 사람들은 그림을 통해 일반인에게는 허락되지 않았던 성경, 곧 하나님의 섭리를 만날 수 있었다. 그 당시 보통 사람들에게 그림은 성경의 내용을 알려주고, 복음을 전하는 역할을 했다. 성당의 벽화는 그 시대 사람들에게는 그림 성경책이었다. 아마 인류 역사가 끝나는 날까지 그림을 통한 하나님의 역사는 계속될 것이다.

이렇게 교회 미술은 세상 문화를 이끌었다. 그러던 미술이 언제부터인가 교회에서 자취를 감추었다. 몇 가지 역사적인 이유가 있다. 그중 하나가 16세기 종교개혁이다.

성경의 권위와 하나님의 은혜와 믿음을 강조하고 거기에 따른 의식의 간소함을 주장했던 그 개혁 안에서 하나님의 형상을 그리거나 만든 모든 것은 우상으로 여기는 사회적 분위기를 형성했다. 그런 교회의 가르침과 분위기에 따라 예술가들의 활동도 자연히 다른 것으로 전환하게 되었다.

예술가들은 성경의 인물들이나 이야기들을 묘사하는 그림 대신 풍경, 정물, 인물화를 그리게 되었다. 교회로부터의 지원이 끊어지게 되므로 이들은 생계를 위해 예술을 그만두거나 아니면 자연스럽게 교회 밖의 세상에서 그들의 재능을 쓰기 시작했다.

이렇게 미술은 교회 문화에서 멀어지기 시작했고, 현대에 와서 이 둘의 관계는 서로에게 너무도 서먹하고 생소한 사이가 되어 버렸다.

한편 기독교 공동체 밖으로 내쳐진 예술가들의 재능을 사탄은 자기 뜻을 펼치는 강력한 도구로 쓰기 시작했다.

예술의 힘은 우리의 생각보다 훨씬 막강하다. 사람의 정신을 지배한다. 인류 역사 내내 세상을 지배했던 독재자들은 누구보다도 이것을 잘 알고 활용했다.

그들은 권좌에 오르자마자 먼저 문화와 예술을 통제했다. 자신들을 미화시키는 그림들을 그리게 했고, 동상을 조각하게 하여 위엄을 알렸으며, 권력을 상징하는 건물들과 기념비들을 지었고, 신격화를 위해 영화와 다큐멘터리를 만들어 사람들을 세뇌했다. 사람들의 정신을 지배하기 위해서는 예술을 통제하고 이용해야 하는 것을 그들은 너무나 잘 알고 있었다.

오늘날의 사회도 마찬가지다. 이전에는 당당하게 드러내지 못하던 불륜, 낙태, 동성애 등의 사회적 문제들이 그림, 광고, 드라마, 영화 등 시각 예술을 통해 세상에 나오기 시작했다. 예술가들의 재능은 이것들을 너무도 애틋하고 아름답게 표현함으로 우리 마음에 호소하고 있다. 그렇게 우리는 그들의 인간적이고 아름다운, 하지만 성경적이지 않은 메시지에 천천히 물들어갔다.

빛으로 포장된 어두움이다. 예술문화로 잘 포장된 이런 것들이 우리의 가치관을 변화시키고, 도덕의 벽을 허물고 있다. 그리하여 과거에는 금기시되던 일들이 사회의 당연한 현상들로 자연스럽게 받아들여지고 있다. 의도적이든 아니든 예술가들은 이렇게 그들의 재능을 어떤 식으로든 세상을 변화시키는 데 쓰고 있는 것이다.

아이들의 문화는 어떨까?

거의 전 세계의 아이들이 일본 만화 캐릭터들과 마법 요술의 이야기로 어린 시절을 보낸다. 지금 우리 아이들의 추억을 만든 것들이 바로 그런 것들이다. 특히 일본 만화 캐릭터의 대부분은 그들의 전설에 나오는 수많은 신을 모티브로 만든 것들이다. 이것들은 이미 오랫동안 아이들의 정신세계에 큰 영향을 미치고 있다.

이렇게 이 세대의 아이들은 오락마저도 영적인 세대가 되었지만 그 영적(spiritual)이라는 것은 하나님의 영과는 다른 것이다.

정치가는 나라를 이끌지만 예술가는 그 나라와 그 시대의 유행을 만든다. 그렇게 형성된 문화는 사람들의 정신세계에 큰 영향을 미친다. 그리고 사람들의 문화세계는 곧 사업가들에 의해 경제적 흐름을 만들고 정치가들을 움직인다. 그 정치가는 다시 나라를 이끈다.

이런 순환의 고리 중심에는 예술가가 있다. 이것이 우리가 다시 교회 안에서 하나님의 아티스트들을 일으켜 세워야 하는 이유다.

세상을 변화시키기 위해서는 하나님 나라의 문화 사역자들이 일어나야 한다. 세상을 교회 안으로 들여오는 게 아니라 세상에 하나님의 문화를 세워야 한다.

그리고 천국의 아티스트들이 만든 게임, 노래, 광고, 패션, 영화 등으로 문화의 모든 분야에 새로운 르네상스적 부흥이 일어나야 한다. 나는 우리가 이 일을 일으키고 경험하는 시대의 전환점에 사는 세대라고 믿는다.

내 그림이 TV 일일 드라마 속에서 배경으로 들어간 적이 있었다. 전파를 통해 천국의 이미지를 세상에 전달함으로 하나님 나라의 능력을 세상에 퍼뜨리고자 했던 어떤 분의 노력으로 나의 그림이 지상파 드라마 속에서 배경으로 여러 번 쓰이게 된 것이다.

그런데 매우 단순해 보이는 그런 일에도 엄청난 방해가 있었다는 말을 전해 듣고, 미디어 예술이 영적 전쟁의 한가운데 서 있다는 사실을 새삼 깨달았다.

미디어 영상에서 흔히들 PPL이라고 하는 간접광고가 있다. 드라마나 영화에 배경이나 소품으로 쓰이는 것들이 사람들에게 무의식 중에 큰 영향을 끼치는데, 언뜻 비치기만 해도 우리 두뇌에 자취를 남긴다는 것이다. 드러내 놓고 알리는 것이 아닌 은연중에 끼워 넣는 마케팅의 방법으로 큰 기업들이 이것을 이용해 사람들에게 자신들의 제품을 광고하기 위해 많은 돈과 노력을 들인다.

광고들은 어떨까? 몇 초도 안 되는 짧은 시간을 전혀 빈틈없이 우리의 주의를 사로잡는 영상으로 그들이 원하는 것을 꼭꼭 채워 넣어 쉴 새도 없이 우리의 두뇌를 두드린다.

바로 같은 방식으로 어두움의 세력도 음악과 영상, 즉 모든 예술을 통해 쉬지 않고 우리의 감각을 공략하고 있다. 이것은 철저하게 치열한 영적 싸움터이다!

우리도 하나님 나라의 복음을 전하기 위해 계획적이고 전투적으로 그 땅을 차지해야 하지 않을까?

나는 이 사역을 하면서 자신의 재능을 주님을 위해 쓰기 원하는 많은 사람을 만났다. 그분들이 가진 열정과 재능이 이 땅에 하나님 나라의 문화를 다시 퍼뜨리는 데 쓰이기를 간절히 바란다.

그분들이 용기를 얻고, 또 더 많은 사람이 문화 사역의 중요성을 알기를 바라는 마음이 바로 내가 이 책을 쓰게 된 이유다. 문화 사역자는 이 시대가 간절히 원하는 하나님의 동역자이다.

기도

고백해 보세요.

일용한 양식과 영혼의 필요를 구해 보세요.

허공을 치는 소리인가요....

내 마음의 독백인가요....

사랑하는 마음을 구하면 절대로 사랑하고

싶지 않은 사람들을 나에게 보내시고

물질의 축복을 구하면 도움을 필요로 하는

이들을 내 눈에 띄게 하시고

인생의 기회를 구하면 갑작스러운 위기 속에

휘청거리게 하시고

사명을 달라고 하면 잠 못 이루는 밤의

불면증과 천근 같은 마음만 주니

당신은 구하는 모든 단어와 문장들을

그대로 들으시나요?

아니면 한번 비틀어 꼬아서 들으시나요?

사랑의 은사는 모든 사람을 품을 수 있는
그릇으로 다시 빚어지는 것이고
물질의 풍성은 먼저 씨를 뿌려야 거두는 때에
얻어지는 것이고
위기가 곧 기회라는 진리를 알게 하시고
나를 무겁게 누르는 그 아픈 마음이 바로 내가 받은 사
명이라는 것을 이제는 압니다.

구하는 자는 받은 것이고
묻는 자는 깨달은 것이고
나의 기도는 당신의 부르심에 대한 응답입니다.

* 이 시는 내가 오래전 무심히 읽고 지나갔던 어떤 글의 내용이다.
  출처는 알 수 없지만 기억을 더듬어 나의 말들로 비슷하게 다시 써 보
  았다.

/ 06 /
동행

 **한 손에는 붓을, 다른 손에는 지도를**

하나님은 우리를 당신의 동역자로 부르시고, 우리를 고립되고 격리된 존재로 놔두시지 않는다. 이 길을 걸어갈 때 함께할 수 있는 동행들을 만나게 하신다.

우리는 모두 각자 받은 은사와 재능이 다르다. 어느 한 사람, 한 공동체도 모든 것을 다 가지고 있지 않다. 하나님 나라를 향한 우리의 마음과 열정은 서로 다른 은사와 재능을 가진 사람들이 자석처럼 서로를 끌어당기고 연결되게 한다.

동역자로, 친구로 이런 만남은 참으로 축복의 관계다. 꿈과 목적을 공유하고 나누는 그런 영적인 멘토나 친구가 없는 삶과 사역은 얼마나 힘들고 고단할까?

대만 신학교에 그림 스물여덟 장을 그려 보내고 난 이후 나는 그 다음 주님이 주실 프로젝트를 기다리고 있었다. 마치 안개 속에 싸여 있는 것 같았지만, 혼돈이나 불안보다 미지의 세계를 앞둔 어떤 막연한 기대감이 충만해 있었다.

그 당시 친하게 지내던 한 분이 내게 샨 볼츠(Shawn Bolz) 목사님에 관하여 알려주었다. 그분은 그 목사님이 내게 주신 하나님의 비전을 이해하고 도울 수 있는 분이라며 나에게 책과 정보들을 주었다. 그리고 LA에서 열리는 샨 볼츠 목사님의 집회에 꼭 참석할 것을 강권했다. 그때까지 한인교회만 다니던 나는 미국 목회자와 미국 교회에 대한 어떤 문화적 거리감과 이질감을 가지고 있었지만, 그분의 강권에 감사한 마음으로 힘들게 용기를 냈다.

수백 명의 사람들이 모였는데 동양인은 거의 눈에 띄지 않았다. 내가 왜 거기 가는지 그 이유도 잘 알지 못하면서 어색함과 수줍음으로 집회에 참석했다.

그 집회의 마지막 날 오전, 마침내 복도에서 샨 볼츠 목사님과 우연히 마주쳤다. 혹시나 하는 마음으로 준비했던 28개 그림을 작게 프린트한 것을 넣은 봉투를 목사님께 건넸다. 그 순간 목사님은 어떤 성령의 감동으로 생전 처음 보는 나에게 오후 집회에 15분의 시간을 줄 테니 그때 나의 비전을 강단 위에서 전하라고 하셨다.

갑자기 일어난 일에 계획도 준비도 없었지만, 하나님의 낙하산을 타고 내려간 느낌이었다.

그저 믿음으로 단 위에 섰다. 그 순간 성령의 임재하심이 나를 덮으시는 것을 실제 느낌으로 알았다. 그리고 나는 어색하고 낯설게만 보이던 그 청중들에게 하나님이 내게 주신 천국 문화의 비전을 담대하게 말했다.

돌이켜 생각해 보면, 갑작스럽게 내 삶 속에 일어났던 그날의 일은 나도 모르는 어떤 기대감 속에서 막연하게 기다리고 있던 바로 그것이었다. 주님은 나를 그렇게 샨 볼츠 목사님께 인도하셨고, 나는 그 팀의 일원이 되었다.

그때부터 나는 그림 사역과 천국 문화에 대해서 조금씩 천천히 오랜 시간을 거치며 많은 것을 스스로 알게 되었다. 이 세대에 이런 문화 사역이 얼마만큼 중요한지를, 그리고 왜 나를 이 사역에 부르셨는지 성령께서 조금씩 깨닫게 하셨다. 나는 하나님 나라의 사랑과 정의에 대해 깊이 생각하게 되었고, 그 마음으로 이 땅의 정황을 보는 눈을 가지게 되었다.

사람들은 하나님의 정의를 잊고, 타락한 본성에서 나오는 불의로 이 세상을 얼마나 파괴하고 있는지 모른다. 어린아이들이 총을 들고 전쟁에 동원되는 참담한 아프리카의 상황. 제3세계뿐만 아니라 여기 미국에서도 벌어지는 인신매매. 안방까지 들어와 사람들의 정신을 마비시키는 마약의 횡포. 나라를 잃고 보금자리를 떠나 정처 없이 떠도는 세계의 엄청난 난민들.

우리가 지금 사는 세상은 바로 그런 곳이었다. 다만 그런 일들은 나의 일이 아니었기에 무관심했다. 그러나 하나님의 사랑과 그 나라의 정의를 깨닫게 되자 내가 그동안 무심하게 지나쳤던 것들이 눈에 하나씩 보이고 느껴지게 되었다.

　대부분 우리는 자신의 행복과 안전에만 몰입하여 산다. 사회의 악과 아픔에 대해서는 심각하게 느끼지 못한다. 머리로는 알고 있다고 하더라도 그것을 스스로가 관심을 두고 그 안에 뛰어들어 어떻게 할 수 있는 문제로 실감하지 못한다.

　하나님의 사랑과 정의를 알게 될 때에 비로소 인간의 부패한 가치관이 초래한 이 세상의 불의를 바라보는 애틋한 눈을 가지게 된다. 내가 관계된 문제로 보게 되고, 내가 그것을 위해 무엇인가 할 수 있다는 것을 알게 된다.

　사랑과 정의는 하나님 나라뿐만 아니라 모든 사회를 존재하게 만드는 가장 기본적인 개념이다. 동전의 양면처럼, 이 둘은 하나의 본질의 다른 얼굴이다.

　"절벽에서 떨어진 사람을 돌보고 치료해 주는 것이 사랑이라면, 정의는 사람이 절벽에서 떨어지지 않도록 절벽에 망을 치는 것이다"라는 말이 생각난다. 내 옷이 성령의 비에 젖듯, 사랑과 정의는 나를 적셔 갔다. 이 빗속에서 나의 그림들은 점점 더 풍요로워졌다.

　2007년 우리 교회가 후원하던 아프리카의 고아원에 겨울에 먹을 양식이 없다는 말을 들었다. 그들을 위해 그동안 그린 내 그림들을 경매로 팔기로 했다. 여러 생각이 들었지만, 인간적인 생각이 아닌 주님의 생각으로 이 일을 보기로 했다.

　"그림을 팔아 아이들을 먹이자!"

한 번도 가보지 않은, 지구의 저 반대편에 있는, 나와 아무 관계도 없는 아프리카의 고아들을 내 손으로 먹이는 일이다. 이 일이 얼마나 기막히게 축복받은 일인가!

나는 내가 가장 아끼는 작품 15점을 경매에 내놓았고, 그 수입으로 고아원에 보낼 식량을 샀다. 무에서 유를 창조하듯, 내 손끝에서 나온 그림들이 빵으로 변해 아이들을 먹이게 된 것이다. 마치 예수께서 보리떡 다섯 개와 물고기 두 마리로 오천 명이 넘는 사람들을 먹이신 기적처럼, 이것은 나에게 오병이어의 기적이었다.

식량으로 그 아이들의 주린 배를 채워 줄 뿐 아니라, 그 마음들도 하나님의 사랑으로 잔뜩 먹이고 싶었다. 그래서 큰 캔버스에 그림들을 프린트해서 보냈다. 비록 아프리카로 직접 가서 그들을 돌볼 용기도 여유도 없지만, 내 그림으로 만든 빵을 그 아이들이 먹게 된 것을 감사했다. 그리고 그 참담한 환경에서 자라나는 아이들이 내 그림을 볼 때 치유와 회복이 일어나고, 가슴속에 주님께서 주시는 특별한 꿈을 품게 되기를 기도했다.

하나님의 사랑을 그려서 세상에 전하고 싶은 막연한 생각을 품게 된 내게 샨 볼츠 목사님과의 만남은 내가 가야 할 길의 위치와 방향을 알려주는 축복이었다. 주님은 이렇게 내게 한 손에는 그림 그리는 붓을, 다른 한 손엔 지도를 쥐어 주신 것이다.

이 길을 가며 주님이 보내 주시는 소중한 사람들을 만남으로 이 지도는 조금씩 확장되어 갔다. 또 다른 길들이 보였고, 그 길들은 더 세밀하게 나타났고, 또 다른 세계가 열렸다. 마치 어느 관광지에 도착하면 거기서만 볼 수 있는 여행자를 위한 가이드 책자 같았다.

주님이 나를 데려가시려는 목적지에 도착하는 길을 보여주는, 나를 위한 지도는 바로 퍼즐이었다. 퍼즐 조각들을 찾아 맞추는 일은 주님이 주시는 특별한 만남을 통해 가능했다. 사랑과 정의는 이 퍼즐을 맞추는 일에서 중요한 조각이었다.

세상에는 어두운 곳을 찾아 사랑과 정의를 위해 싸우는 수많은 빛의 일꾼들이 있다. 그분들의 희생과 열정으로 이 땅은 아직도 아름답다. 그리고 하나님의 나라는 그분들의 사랑으로 어둠의 영역을 오늘도 침공하고 있다.

그 어둡고 캄캄한 세상에서 어떤 사람들은 예수의 이름을 위해 죽어가기도 하지만 많은 사람이 예수의 이름으로 삶을 얻는다. 그들이 외치는 주의 이름으로 병이 낫고, 배고픔이 채워지고, 자유가 주어진다. 그렇게 하늘에서 내리는 만나만이 오직 그들을 먹일 수 있는, 기적이 일상이 되는 곳들이다.

빛은 언제나 어두움을 물리친다. 그리고 하나님 나라는 오늘도 사모하는 자들에 의해 침노 당한다.

이름도 없이 빛도 없이 섬기는 수많은 사람들이 성령의 인도하심으로 만나고 연합한다. 만남과 기다림, 그리고 또 다가올 새로운 만남은 언제나 나에겐 기다려지는 하나님의 선물이다.

이 길을 가는 내게 보내주신 많은 만남에 감사하며, 그분들의 사랑과 은혜로 인해 나는 나의 길을 오늘도 계속 전진한다.

축복의
씨앗

편하고 쉬운 길이 당신 옆에 있지만
사명이란 이름으로
거칠고 고단한 그 길을 가야만 한다면

보이지 않는 것을 위해
보이는 것들을 내려놓은 당신들의 선택이
인간의 눈으로는 참으로 어리석게
또는 안타깝게 보일지라도
그분의 눈에는 최고의 기쁨이었다고 믿습니다.

땅에 뿌려진 씨앗은 반드시 열매를 맺는
하늘의 섭리 안에서
오늘도 농부의 마음으로 그 길을 걸어가는 당신께
나의 마음을 전합니다.

우리의 만남은 나에게 다른 세상의
창문을 열어 주었고
또 다른 축복을 심는 씨앗이 되었습니다.

모든 만남은 주님의 허락 안에 시작과 끝이 있어
당신의 씨앗은 축복의 시작이었고
당신의 열매는 그 시작의 끝이었습니다.
거칠고 고단한 그 길은
당신의 희생으로 뒤에 오는 이들에게

평탄한 지름길이 되었고
당신은 진정한 그분의 열매가 되었습니다.
오늘도 당신은 축복의 씨앗을 뿌립니다.

/ 07 /
시각적 이미지의 전도

 **지구라는 갤러리에 열리는 주님을 위한 전시회**

 그림을 통한 사역을 시작한 이후 머릿속에는 문화에 대한 도전의 꿈이 끊이지 않고 계속 떠올랐다. 내 상상의 날개는 멈출 줄을 몰랐다.
 어느 날 오후 LA 윌셔 길의 빌딩 숲 사이를 운전하며 가고 있었다. 길을 찾느라 표지판을 읽으며 집중하고 있는데 갑자기 주님의 음성이 내 마음을 두드렸다. 도시의 벽들과 광고판에 주님의 마음을 표현한 그림이 붙는다면 어떨까? 그 그림을 보며 지나가는 수많은 사람이 그것을 통해 성령의 도우심으로 상한 마음들이 회복되고 주님께 돌아올 수 있을 것 같았다.
 그리고 눈을 들어 주위를 보니 이전에는 눈에 들어오지 않던 것들이 보이기 시작했다. 건물 벽들이 선정적인 광고의 이미지와 문구들로 덮여 있었다. 그것을 보며 스쳐 지나가는 수만 명의 사람들의 영혼은 가랑비에 옷이 젖듯 그 메시지의 영향 속으로 젖어 들고 있는 것이다. 세상의 영은 사람들의 영혼을 이렇게 파고들며 잠식해 가고 있었다.

그때부터 나는 빌딩의 벽들과 길거리의 광고만 보고 읽고 다녔다. 이전에 그 많은 광고판 그림을 보고도 깨닫지 못했던 사실들이 보이기 시작했고, 나는 이것이 심각한 영적 전쟁임을 깨닫게 되었다.

인터넷을 통해 검색해 보니 신은 없다고 외치는 무신론자로부터 사탄숭배자들까지 조직적으로 큰 자본을 투자하며 빌딩 벽과 광고판을 통해 그들의 사상을 세상에 전하고 있다는 놀라운 사실도 알게 되었다.

우리 눈앞에 있는 것들은 우리가 눈여겨보든지 아니면 무의식 중에 스쳐 가든지 상관없이 우리의 내면세계에 영향을 미친다. 이런 식으로 어떤 메시지가 반복되어 눈을 통해 전해지면 우리의 생각은 그것으로 물든다.

세상의 문화를 지배하는 어둠의 세력의 존재와 활동에 대해 주님이 알려 주셨지만 나는 사실 이 일에 나설 엄두가 나지 않았다. 우선 이것은 지금까지 내가 해온 그림엽서 사역과는 차원이 달랐다.

"주님, 내가 어떻게 이 일을 할 수 있겠습니까?"

그러나 그날 이후, 나는 이 현실성 하나도 없는 황당한 꿈을 품게 되어 버렸다. 시간이 지날수록 내 마음속에서 이 일에 대한 주님의 부르심이 확고해졌고, 눈에 보이지 않는 것을 보이는 것처럼 믿으며 내 마음의 꿈은 점점 커지고 있었다.

머릿속에서는 여러 도시마다 빌딩 벽과 광고판에 내 그림이 올라가고, 그것들을 통해 많은 영혼이 회개하고 주님께 돌아오는 추수의 광경이 생생하게 그려졌다.

서울 한복판 고층 빌딩 벽의 주님의 그림.
뉴욕 맨해튼과 중국 천안문 광장에 세워진 주님의 광고판.
아프리카 내전으로 부서진 도시 위의 주님의 그림.
한적한 시골길을 걸으며 마주치는 주님의 마음을 담은 벽화.

상상 속에서는 모든 것이 가능했다.
이렇게 전 세계의 도시 도시마다 주님의 그림들이 걸리고 세워진다면, 바로 이것이 천국에 계신 주님만이 보실 수 있는, 지구라는 갤러리에서 열리는, 주님을 위한 전시회가 되는 것이 아닐까?

그러던 어느 날 주님은 내게 LA에 있는 어떤 교회 건물을 생각나게 하셨다. 혹시나 하는 마음에 그 교회의 상황을 알아보았다. 놀랍게도 그 교회는 외부 벽에 그림이나 성경 말씀을 넣기로 하였는데 어떻게 해야 할지 결정을 내리지 못하는 중이었다.

나는 지인의 소개로 그 교회 측과 만나게 되었다. 흥분된 마음으로 주님께서 내게 주신 비전을 나누며 그림들을 보여드렸다. 몇몇

분들의 깊은 관심을 끌게 되었고, 이 일을 추진하기로 했다. 하지만 몇 차례 회의를 하고 길을 모색했지만 여러 가지 문제가 돌출되면서 몇 달의 시간을 끌더니 결국 이 계획은 무산되었다.

그 기간 동안 나의 기대와 흥분은 솟아올랐다가 곤두박질치기를 여러 번 했고, 나는 지쳐 버렸다. 벽화 사역에 관한 꿈을 마음에서 내려놓기로 했다. 나에겐 익숙한 포기와 실패의 반복이었다.

그런데 얼마 지나지 않아서 낯선 분으로부터 한 통의 이메일이 왔다. 뉴욕에서 그래픽 회사를 운영하는 분인데 우연히 신문에서 내 기사를 읽고 내 웹사이트를 방문해 둘러보고는 놀라셨다고 했다. 그분이 주님께 받은 사명이 내가 받은 사명과 일치했던 것이다.

그분은 주님의 말씀에 순종하여 뉴저지에 광고판을 계약하고 매달 일정 금액을 지불하고 있었는데 무엇을 올려야 하는지 몰라 고민 중이라고 했다. 일은 빨리 진전되어 우리는 한 번 만나지도 않고 한 달 만에 나의 그림이 뉴저지의 거리 광고판에 올라갔다.

이 일을 경험하면서 내게는 의문이 생겼다. 분명 주님께서 내게 알려 주셨고 여러 경로를 통해 확인시키셨던 LA 교회 건물 벽화는 왜 이루어지지 않고, 오히려 보지도 못한 뉴저지의 광고는 알지도 못하는 분을 통해 어떻게 그렇게 쉽게 올라갈 수 있었단 말인가?

나는 그 이유를 스스로 알게 되었다.

LA 벽화의 경우 나는 사명을 주님께 받았지만 사람들을 믿고 있었다. 나는 벽화사역에 관심을 보인 사람들을 의지했고, 그분들이 도와주니 일이 잘될 거라는 주위 사람들의 말에 따라 나도 모르게 인간적 능력을 믿고 있었던 것이다. 결국 그분들의 관심이 변하니까 당연히 그 벽화사역은 무산되고 만 것이다.

내가 비록 주님께 사명을 받았다 할지라도 사람을 의지하면 주님께서 일하실 수 없다는 것을 나는 그렇게 실패를 통해서 배웠다.

뉴저지 광고는 주님께서 일하시는 방법이었다. 내가 내 힘으로 사역을 감당하려는 짐을 내려놓고, 이것은 내 능력으로 할 수 있는 일이 아님을 온전히 인정했을 때, 주님은 비로소 당신의 방법으로 일하실 수 있었던 것이다.

뉴저지 광고판은 마치 주님이 기뻐하시는 일이라는 것을 증명이라도 하듯이 진행과정부터 많은 공격을 받았다. 설치 중에 실무자도 이해할 수 없는 문제들이 연달아 속출했지만 그럴수록 오히려 이 사역에 관한 우리의 확신은 더욱 커졌다.

도시 한복판에 주님의 그림을 올려 메시지를 전하는 사역은 이렇게 시작되었다. 그 후 맨해튼 32가 빌딩 위에 유다의 사자 그림을 올려 이 땅을 향한 하나님의 사랑과 정의를 선포했다.

나는 여전히 언젠가 세계의 여러 도시 곳곳의 빌딩 벽화와 광고판에 주님의 이미지를 올릴 것을 꿈꾼다. 그 그림들을 통해 많은 사람에게 하나님의 마음이 전해질 것이라고 믿는다. 왜냐하면 이것은 내 꿈이 아니라 주님께서 내게 주신 꿈이기 때문이다.

주님의 꿈이다.

프로페틱 아트는 시각적 메시지를 통해

하나님의 사랑을 이 땅에 전하는 야곱의 사다리이다

all my heart ●

달린다는 것

오늘도 나는 운전을 한다.
지평선에 닿아 있는 지구의 둥근 선을 따라
우주 속 지구 위를 달리고 있다.

때로는 장애물들이 차 바퀴에 걸리기도 하고
내 앞에 오래된 고물차가 천천히 기어가기도 하며
반짝거리는 스포츠카가 빛의 속도로
나를 추월하기도 한다.

내 손은 운전대를 잡고
발로는 쉴 새 없이 브레이크와 엑셀을
번갈아 밟고 있다.
확실한 한 가지는
나는 가고 있다는 것이다.

때로는 뿌연 스모그를 구름으로 착각하기도 하고
가끔씩 쏟아지는 소나기에
눈앞이 보이지 않기도 하지만
어느덧 나는 빗줄기 멈춘 맑은 세상과
마주하게 된다.
그 뒤로 무지개가 뜬다.
그날의 약속을 확인해 주듯이

고속도로의 끝에서 보이는 세상의 끝을 통과하며
하늘을 지나 우주를 건너 천국의 도시로
오늘도 나는 운전을 한다.

/ 08 /
약속

 **기본으로, 하나님께로**

우리는 많은 약속을 하면서 산다. 문서 위에 도장을 찍는 것도 있고, 마음으로 하는 약속들도 있다.

어떤 때는 감흥 속에 쉽게 약속을 하지만 상황이 달라짐에 따라 마음이 변하게 되고, 마음에서 그 약속을 지우기도 한다. 혹시 지키지 못한 약속이 마음에서 지워지지 않고 여전히 무겁게 자리 잡고 있다면 그 약속은 평생의 빚으로 남게 되지만, 마음의 무게 때문에 결국 지킬 수밖에 없는 그 약속이 때때로 놓칠 수도 있었던 축복을 잡는 통로가 되기도 한다.

내게 있어 그림 그리기는 내가 세상과 소통하는 방식, 곧 내가 숨 쉬는 방법이고 내가 말하는 언어였지만, 나는 마음속으로 맺은 약속 하나 때문에 몇 년 동안 그림을 그리지 않았고, 또 그 약속 때문에 다시 그림으로 돌아갈 수 있었다.

주님을 만난 후 그림을 통해 세상을 변화시키고 싶은 막연한 나의 마음속 꿈과 생각들이 구체적으로 내 안에서 그려지고 있었다.

그저 그림만 그리는 단순한 화가가 아니라, 내가 그린 하나님의 마음들을 일상용품으로 개발하여 세상에 내놓고 싶었다. 그것을 사용하는 사람들이 매일의 생활 속에서 주님의 사랑과 그분이 주시는 치유와 회복을 경험하게 하고 싶었다. 그렇게 세상의 문화 속에 주님의 문화를 심기를 원했다.

이런 계획은 많은 자본을 필요로 했다. 하지만 이런 상품 개발을 굳이 하지 않더라도 자신의 예술활동을 꾸준히 지속하기 위해서는 경제적인 뒷받침이 예술가에게 항상 필요하고, 이 문제는 여전히 많은 예술가의 발목을 잡는 가장 현실적인 문제 중 하나이다.

어떤 예술가를 재정적으로 끝까지 후원하는 일은 결코 쉬운 일이 아니다. 상대가 가족이라 할지라도 이런 전폭적이고 지속적인 후원은 참으로 어렵다.

나는 주께서 주신 나의 꿈이 인간적인 도움에 휘둘리지 않고 성취되려면 나 스스로가 나의 후원자가 되어야 한다고 생각했다.

그러던 중에 암웨이(Amway) 마케팅 사업이 우리에게 다가왔다. 내성적이고 낯을 많이 가리는 내 성격으로 이런 사업을 할 수 있을 것 같지 않았다. 그러나 나는 오로지 나의 꿈을 위한 재정적 기반을 마련하기 위해 그 사업을 택했고, 주님과 약속했다.

내가 정한 어떤 목표에 도달할 때까지는 그림을 그리지 않고 이 일에만 매달리겠다고, 거기 도달하면 다시 그림을 그리겠다고 주님께 약속했다. 그리고 집에 있는 모든 그림과 도구들을 눈에 보이지 않는 창고로 다 치워 버렸다.

오직 내가 처음 그린 성화, 그림엽서로 만들었던 그 그림 한 장만 거실에 남겨 두었다. 그 그림은 내가 은밀히 주님께 한 약속의 표시였고, 내가 이 사업을 시작한 명분을 상기시켜 주는 증거였다.

많은 사람을 만나며 부딪히고 좌절하고 포기하고 싶을 때 그 그림은 내게 이 사업을 하는 이유를 상기시켜 주었다.

그리고 우리의 사업은 정말 빠르게 성장했다. 다른 사람들보다 리더십, 정보, 관계, 지식도 부족한 우리의 성장을 보며 사람들은 우리가 기막히게 운이 좋다고 말했다. 하지만 내가 가진 것은 사업 수완이 아니었고 하나님의 낙하산, 하나님의 은혜였다.

그분의 특혜를 받는 것은 사람들이 말하는 실력과 노력보다 훨씬 빠른 길로 우리의 사업을 일으켰다. 그리고 내가 주님께 약속했던 목표는 정말 짧은 기간 안에 달성되었다.

사업이 커지면서 그 사업은 이미 나 혼자 결정할 수 있는 혼자만의 사업이 아닌 많은 사람의 사업이 함께 연결된 것이 되었다. 상황이 변했다. 분명 주님께 약속하기를 여기까지 오면 그림을 다시 그리겠다고 했는데, 그 목표를 훨씬 넘었지만 그림을 시작할 수가 없었다. 모든 그림을 상자에 담아 창고에 집어넣었던 그 결단보다, 그것을 다시 열고 꺼내 묻어두었던 꿈을 다시 시작하는 것이 더 어렵다는 것을 알았다.

거실에 걸린 그 그림은 어느덧 나에게 마음에 부담을 주는 상징물이 되어 버렸다. 일부러 눈을 마주치고 싶지 않은 그런 존재, 지키지 못한 약속을 자꾸 상기시켜 주는 애물단지처럼 되어 버렸다.

그러던 중에 교회 목사님께서 심방을 오셨다. 그분은 거실에 걸린 그림을 보시고 궁금해하시며 그 그림에 관해 물으셨다. 그러나 나는 그림과 관련된 이야기는 하고 싶지 않았다. 내가 예전에 그림을 그리던 화가였다는 사실조차 모르셨던 목사님은, 그 그림에 대한 질문에 내가 시큰둥하게 반응했음에도 불구하고 계속 그림에 관한 말씀만 하셨고, 떠나시면서 목사님은 이렇게 말씀하셨다.

내가 그림을 그리는 것은 주의 일을 하는 것이고, 내가 주의 일을 하면 주님이 내 일을 해 주신다고…. 그분은 나의 쓰린 상처에 소금을 뿌리고 가셨다.

주님께서 나의 약속을 그날 목사님을 통해서 나에게 다시 한 번 상기시켜 주신 것이다. 가뜩이나 그동안 무거웠던 마음에 주님이 그 약속을 기억하고 계신다는 두려움까지 더해졌다. 그러나 그 약속을 지키기로 결단하기에는 너무 멀리 와 버렸다. 내 사업의 현실과 기대감은 훨씬 복잡하게 얽혀 있었다.

1년 후 우리는 미국 암웨이 다이아몬드 핀을 성취했다. 기적이었다. 팜 스프링에서 열리는 암웨이 컨벤션에 8,000여 명이 모인 앞에서 연설할 기회가 주어졌다. 그런데 그 컨벤션 몇 주 전부터 나는 일상생활 속에서 성령의 바람을 너무나 강하게 느끼고 있었다. 어찌된

영문인지 연설문을 전혀 준비할 수가 없었다.

 기도만 하고 머릿속에는 아무 생각도 없이 주님을 의지하여 담대하게 연단에 섰다. 그리고 그 순간 나를 덮는 성령의 강한 역사를 느꼈고, 그때 나는 이미 내가 아니고 오직 주님의 통로였다. 나는 무대 위에서 담대하게 외쳤다.

 "Back to the Basics, Back to the God!"
 ("기본으로 돌아갑시다, 하나님께로 돌아갑시다!")

 그러자 그 자리는 일시에 회개와 부흥과 혼돈의 장소로 변했다.

 청중들은 내 말이 아닌, 하나님이 나를 통해 전하시는 말씀에 계속 기립 박수로 환호했다. 어떤 사람들에게는 울면서 회개하고 주님께 돌아가는 회복의 시간이었고, 어떤 이들에게는 사업의 목표를 주님의 영광을 위해 결단하는 시간이었다. 그런데 또 어떤 이들은 이게 도대체 비즈니스 컨퍼런스에서 있을 법한 일이냐고 화를 내고 있었다.

 많은 사람이 내게 찾아와서 그 시간에 자신들에게 역사하신 주님의 사랑과 회복의 경험을 이야기해 주었다. 이렇게 나는 그날 거기서 마켓 플레이스 크리스천으로서 주님께 쓰임을 받은 것이다.

 그리고 그날 이후 나를 향한 공격 또한 시작되었다.

 개인 신앙생활과 사업도 구별 못한다는 비난이 일었다. 뛰어난 사업적 능력도 없으면서 그 사업 안에서 그 자리까지 오른 것에 대해 사람들의 숨어 있던 질투의 감정들이 드러나기 시작했다.

 한꺼번에 여러 가지 힘든 일들이 동시에 일어났다. 나는 그런 것을 감당할 자신도 능력도 없었다. 나는 실제로 리더로서, 사업가로서 능력도 자격도 부족한 사람이었다. 그리고 쏟아지는 공격에 한없이 움츠러들었고, 사람과의 만남이 무서웠다.

우리는 때로 이런 시련을 통해 질주하는 삶을 멈추게 되고, 자신을 들여다보는 눈이 생긴다. 나에게 이 시련은 나의 길을 돌아볼 수 있는 계기가 되었다. 그제야 나는 주님께 한 그 약속을 기억하게 되었다.
"Back to the basics, Back to the God!"
기본으로 돌아가자, 주님께로 돌아가자! 나는 내가 청중들 앞에서 외친 것처럼 나의 기본으로, 내가 하나님께 한 그 약속으로 돌아가고 있었다. 창고에서 그림과 도구들을 꺼냈다. 다시 그림을 그리기 시작했다.

그림은 소용돌이치는 전쟁터에서 나의 피난처가 되어 주었다. 나는 주님의 날개 아래 꽁꽁 숨어 버렸고, 마침내 주님과의 약속을 지킬 수 있었다. 그리고 얼마 후에 나는 대만의 신학교에 스물여덟 장의 그림을 52일 동안 그려 보내라는 사명을 받은 것이다.

하나님은 나의 약속을 기억하고 계셨고, 세상적인 야망으로 인해 그 약속을 외면했던 나를 기다리셨고, 내가 그 약속을 기억하고 돌아왔을 때 내게 새로운 사명을 주시고 새로운 길을 열어 주셨다. 하나님은 우리의 약속을 기억하신다. 그 약속이 그분께 한없이 소중하고 귀하기 때문이다. 그 후 나는 꿈을 통해 그림 사역에 올인하라는 주님의 메시지를 받고 바로 모든 사업을 내려놓고 그림 사역자의 길을 걸어갔다.

내 마음의 신호등

내 마음엔 신호등이 있다.
파란 불은 나에게 막힘없이
뻥 뚫린 시원함을 주지만
노란 불이 깜박거릴 때 내게는
어떤 보이지 않는 주파수가 잡힌다.

신중한 머리와 냉철한 가슴이 요구되는 때다.
이 노란 불을 무시하고 시간을 놓치면
바로 빨간 불로 바뀌는
냉정한 현실을 만나야 한다.

뒤돌아보기엔 이미 늦은 그때
우리는 지나간 노란 불을 아쉬워한다.

내 앞에 노란 불이 깜박거릴 때
멈출 수 있는 기회가 있었다는 것을 지금은 알지만
그러기에 너무 늦은 나는 빨간 불과 함께 건너야 하는
길의 중간에 멈춰 서 있다.

수많은 차들이 위험과 혼란 속에서
나를 지나치고 있지만
나는 다시 켜질 파란 불을 기다린다.
그리고 그 불이 켜졌을 때
이 길을 뻥 뚫린 시원함으로 건너갈 것이다.
뒤돌아보지 않겠다.

/ 09 /
예수님의 계산법

 **믿는 자만이 볼 수 있는 것**

생선 두 마리 + 빵 다섯 조각 = 남자 오천 명 + 수많은 여자와 아이들 + 열두 바구니(나머지)

나는 예수님의 이런 상상을 초월하는 계산법이 아주 마음에 든다. 만일 세상의 모든 일이 1+2=3처럼 간단하고 정확하게 정리된다면 아마 인간에게는 신의 존재나 기적이 설 자리는 없었을 것이고, 그저 기계적인 인과관계와 과정만이 필요 충분했을 것이다.

인류 역사에서 위대한 개척자나 발명가들은 기계적이고 단조로운 계산법을 넘어, 아마도 예수님의 계산법을 가졌던 이들이었던 것 같다. 그래서 그들은 모두가 인정하고 상식으로 여기는 것들을 뛰어

오병이어 ●

넘어 엉뚱한 꿈을 꾸었다. 그리고 그런 꿈을 믿었기 때문에 평범한 사람들의 생각에서는 불가능한 것들을 가능하게 만드는 기적을 이룬 것이다.

기적은 상식을 뛰어넘는 것이다. 모세가 홍해를 가른 것 같은 대단하고 역사적인 기적들도 있지만, 우리 생활 속에서도 불가사의한 기적들이 오늘날에도 계속 일어나고 있다. 우리는 그런 일상의 작고 사소한 기적들을 그냥 우연으로 넘기고 있지는 않을까!

오래전에 이런 일이 있었다.

우리 집 앞마당 잔디를 깎아 주는 정원사가 현관 앞마당에 야자수 묘목을 심으면 좋을 것 같다고 제안했다. 그 말에 솔깃한 나는 정원에 야자수 한두 그루 있으면 아주 멋질 것 같다고 생각했지만 야자수 묘목은 꽤 비쌌다. 예산에도 없던 그런 지출을 할 수가 없어서 나중에 하겠다고 말은 했지만 못내 서운했다.

그리고 한 달쯤 지났는데 잔디밭에 잡초들이 눈에 띄기 시작하더니 어느새 여기저기에서 정신없이 솟아나는 것이었다. 눈에 몹시 거슬렸다. 어느 날 아침, 정원사 아저씨에게 이 잡초들 좀 제대로 잘 뽑아 달라고 부탁을 드렸다. 그런데 그 잡초들을 살펴보더니 말했다.

"이것들은 잡초가 아닌데요. 이건 어린 야자수예요!"

아니, 야자수들이 갑자기 어디서 와서 자라고 있는 것일까?

아저씨도 머리를 긁적였다.

"바람 타고 왔나?"

수많은 작은 야자수들이 앞마당 전체에 민들레 홀씨처럼 바람을 타고 우리 집까지 날아와 뿌려졌다면 우리 옆집에도 있을 것이다. 나는 탐정같이 우리 이웃들의 정원을 조사해 보았다.

그런데 신기하게도 야자수는 오직 우리 집에만, 그것도 뒷마당도 아니고 앞마당에서만 자라고 있었다. 마음속으로 정말 원했지만 경제적 여유가 없어서 심지 못했던 그 나무들이 한두 그루도 아니고 수십 그루가 널리 퍼져 잡초처럼 자라나고 있었다.

내가 기도하지 않아도 내 마음의 생각조차 주님은 알고 계셨다. 이 사건은 나에게 있어 오병이어 기적과 같은 엄청난 일이었다.

흥분된 마음으로 아는 사람들에게 이 이야기를 했는데 듣는 사람들은 그저 우연히 일어난 일로 생각하는 듯했다. 함께 흥분하지 않는 사람에게 기적을 이야기하는 것처럼 김빠지는 일이 없다. 나에게만 감동이었고, 그들에겐 우연의 일치였다.

이 기적의 야자수들은 더 번져 갔고, 그야말로 장마에 잡초 자라듯 무럭무럭 키가 자랐다. 한두 그루만 원했지만 온통 집 앞을 뒤덮은 야자수를 보면서 나는 나의 작고 소박한 소망도 주님은 소중히 여기신다는 것을 알게 되었다.

이것은 아버지의 사랑이었다. 장난감을 가지고 싶지만 차마 말을 못하고 있던 아이에게 장난감을 사주시는 아버지!

아이가 좋아서 깡충깡충 뛰는 모습을 흐뭇하게 지켜보는 아버지!

주님의 그 심정을 나는 그때 알 것 같았다. 나에겐 평생 잊지 못할 그런 선물이었다.

사실 그 당시 나는 삶에서 쉽지 않은 시간을 보내던 중이었다. 그 힘든 순간순간마다, 마치 밤하늘의 별들처럼 펼쳐진 나의 야자수들을 보며, 주시되 넉넉히 차고 넘치도록 퍼 주시는 하나님의 사랑과 격려를 체험하며 그 어려운 시간을 잘 넘길 수 있었다.

나중에 집을 이사했는데 새 주인은 몇 그루 정도 남기고 야자수들을 모두 뽑아 버렸다. 다른 사람의 눈에는 야자수가 너무 많아 관리도 안 한 것 같은 그 앞마당이 미관상 안 좋았겠지만, 나에게 그것들은 나무 이상이었다. 나의 생각과 숨소리까지 다 듣고 알고 계시는 살아 계신 하나님이 보여주신 사랑의 징표였다.

지금도 가끔 일부러 그 집 앞을 지나가곤 한다. 나무들에게 그동안 잘 있었냐고 안부를 묻는다. 한 해 한 해가 다르게 부쩍부쩍 자라나는 그 집 앞마당의 야자수들을 볼 때마다, 아이의 키를 재어 보며 표시하고 흐뭇하게 미소 짓는 엄마의 마음이 되곤 한다.

삶의 기적을 믿는 자에게는 기적이 일어난다. 기적을 경험한 사람에게는 모든 것이 그분의 은혜이고, 특별한 사랑의 증거다.

생선 두 마리와 빵 다섯 조각으로 수많은 사람이 먹은 그날의 예수님의 기적처럼, 나의 작은 소망 하나가 이루어져 앞마당 잔디밭이 야자수로 채워진 것은 내게 결코 잊을 수 없는 기적이다.

오늘은 그 집 앞을 지나가야겠다. 오랜만에 나의 야자수에게 인사를 건네봐야지….

/ 10 /
어노인팅

 **천국의 연료**

우리 마음의 용량은 어느 정도일까?
 마음이 닿는 곳은 끝이 없고, 마음이 품을 수 있는 것은 한이 없다고들 한다. 그러나 우리의 마음은 어떤 테두리 속에 갇혀 있다. 우리는 너비와 깊이의 끝이 없는 가능성을 누려 보지 못하고 제어되고 길들여진 삶을 산다.

 우리의 생각에 경계선을 긋고 벽을 세우는 것들은 우리 자신의 마음 그 자체가 지어낸 것이다. 어려서부터 처했던 환경, 교육, 살아온 인생의 경험에 의해 우리 사고와 판단의 틀이 정해진다. 우리는 그것을 바탕으로 자신이 할 수 있는 것과 할 수 없는 것의 경계를

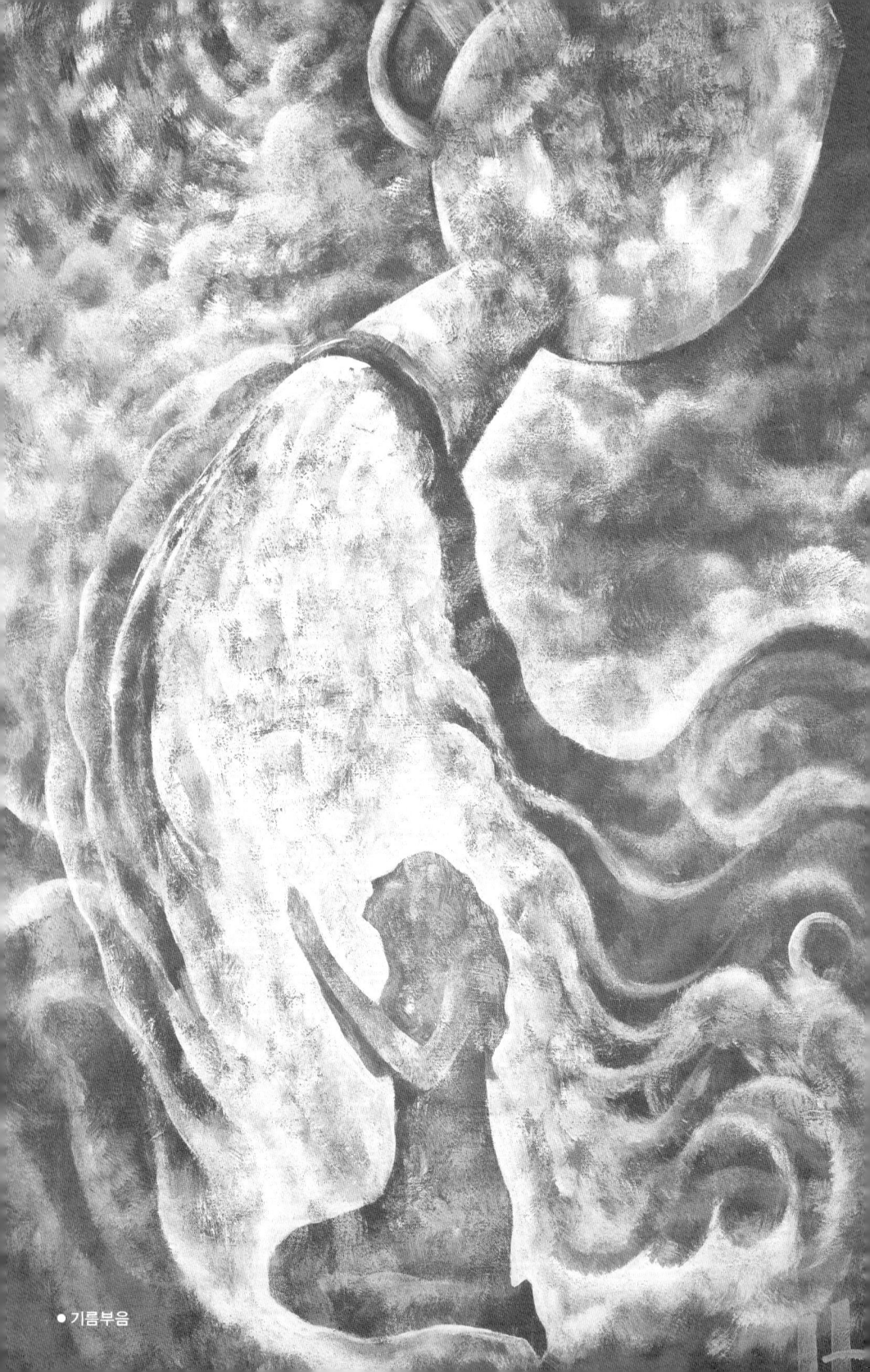

● 기름부음

만든다. 대부분의 사람은 그 안에서 살고 있다. 그 경계와 벽을 뚫고 넘어 나오는 모험을 꿈꾸지 않는다. 우리 마음은 이렇게 자신을 가두어 놓는 굴레가 되기도 하는 것이다.

하나님께서 우리를 이 땅에 태어나게 하실 때, 우리 각자의 사명에 따라 엄청난 잠재 능력을 주셨지만 우리는 그것의 작은 일부만 인지한 채 살아간다.

사람의 두뇌(마음)에 대해 연구하는 21세기의 과학자들은 이제 겨우 표면을 긁적이고 있을 뿐이라고 한다. 이런 분야에 전문적 지식이 없는 나는 이런 생각을 해보았다.

하나님이 사람을 창조하셨을 때 부여하신 초자연적인 능력들이 있었다. 그런데 아담과 이브가 범죄함으로 하나님과 공명하고 교류하는 주파수가 틀어졌다. 그리하여 우리는 우리 두뇌가 가진 능력 중에 아주 작은 부분만 사용하게 되었고, 그 나머지 엄청난 부분은 사용 방법도, 존재 여부도 모르는 채 잠재 능력이라는 어둠 상자 속에 저장해 두고 있는 것 같다. 이것이 내 방식의 이해다.

내가 부흥회나 집회의 예배시간에 강단 위에서 그림을 그리는 것을 본 많은 분들은 그림을 어떻게 그렇게 빨리 그릴 수 있느냐고 궁금해한다. 그리고 그 그림들 속의 사람이나 동물의 표정과 눈빛이 자신과 대화를 하고 어떤 의미 있는 교감을 준다고 느끼는 분들이 많다.

내가 대단하고 특별한 재능을 가졌다고 생각하는 분들에게 나는 나의 지난 이야기를 들려드리고 싶다.

그림을 좋아했고 어린 시절부터 화가를 꿈꿨지만 학교가 원하는 시스템에 적응하지 못했던 나는 늘 남과 나를 비교하며 열등의식에 젖어 있었다. 미대 지망생들이 모두 연습으로 그려야 하는 석고상의 표정도 남들처럼 제대로 잘 그려 본 기억이 별로 없다.

나의 스케치북은 지우개 자국으로 항상 얼룩져 있었다. 대학입시가 요구하는 그림을 그리는 숙련된 테크닉과 예술성은 사실 별개의 문제다. 그렇게 지우고, 또 그리고 또 지우기를 반복하던 모습이 그 시절 나의 자화상이다.

대학에서 그림을 그릴 때도 사실적 묘사보다는 상징적이고 심플한 그림들을 더 좋아했다. 인물의 표정 묘사는 항상 내 능력 밖의 일이었다.

그랬던 내가 주님의 말씀에 순종하여 52일 동안 스물여덟 개의 그림을 그리는 일을 시작했다. 붓을 들고 막연히 그림을 그리기 시작했던 첫날, 나는 내 눈을 의심하지 않을 수 없었다. 내 손에서 어떤 주저함도 없이 그림들이 그려져 나오는데, 모두 살아 있는 그림이었다. 게다가 그림들이 얼마나 빨리 그려지는지, 마치 미리 푸는 방법을 알고 푸는 수학 문제처럼 단계별로 착착 막힘없이 풀리는 것이었다.

그림을 그리려고 붓을 드는 그 순간부터 전체 과정의 모든 순서가 머릿속에서 이미 가닥이 잡힌다. 그리고 내 손은 내 마음의 영을 따라 움직인다. 이미 여기서 나 개인의 능력은 아무 의미가 없었다.

나는 이미 주님의 은혜로 내 능력의 한계를 뛰어넘어 오직 그분의 통로로서 그림을 그리고 있었다.

이렇게 52일 동안 주님의 특별한 은혜를 체험하면서 주님의 아티스트로서 훈련을 받았다. 이렇게 해서 나온 내 그림들을 감히 내 노력과 능력의 결과라고 말할 수 없다. 이것은 주님의 부르심에 순종한 것에 대한 선물이었다.

은혜로 주어지는 이런 능력의 선물을 '기름 부음'(anointing)이라고 한다. 내가 기름 부음의 경험을 겪고 난 후에 이와 비슷한 경험을 한 사람들을 만나게 되었다. 실제로 기름 부음을 받은 사람들은 세상에 많이 있다.

피아노가 너무 치고 싶었지만 악보를 전혀 읽을 줄 몰랐는데, 주님께 간절히 기도함으로 독학하여 클래식 피아노를 완벽하게 연주하는 분의 이야기도 들었다. 또 논문을 쓰는 과정에서 어떤 문제에 막혀 해결책을 찾지 못하고 고민하고 있을 때 꿈을 통해 해답을 얻었다는 말도 들어본 적이 있다.

어쩌면 우리는 라디오의 주파수를 맞추듯, 주님의 주파수에 맞춰지므로 우리 속의 잠재 능력이 깨워지고 살아나는 것은 아닐까 생각해 본다.

이것은 구하는 자에게 기도의 응답으로 오기도 하겠지만, 하나님의 주권적 선택하심으로 대부분 온다고 생각된다. 예를 들면 본인의 믿음과 상관없이 그 시대를 향한 하나님의 뜻을 이루시기 위하여 또는 그분의 무조건적인 선택하심으로 쓰임 받은 인물들이 성경에도 나와 있다.

우리는 세상의 계산법에 따라 투자한 시간과 노력에 비례하는 당연한 결과를 항상 예상한다. 그러나 주님의 계산법은 시간과 노력의 양을 초월한다. 우리의 노력으로 십 년이 걸릴 일이 주님의 능력이 은혜로 임하면 하루에 끝이 난다.

우리가 현실 세계의 계산법과 동시에 또 다른 차원의 영적 세계의 계산법, 즉 주님의 기름 부음을 알게 된다면 우리의 삶은 아주 특별한 기대감으로 가득할 것이다.

주님의 기름 부음을 알고 체험하게 되면서 나는 지속적인 하늘의 기름 부음을 구하지 않을 수 없었다. 이스라엘 사람들이 광야에서 매일 그날그날 내리는 만나를 먹었듯이, 때에 따라 주님의 은혜와 기름 부음 없이 나는 그림을 그릴 수 없다.

장거리를 달리는 차가 기름이 떨어지면 중간에 멈추듯이 주님의 은혜의 기름을 우리 삶이라는 자동차에 가득가득, 그리고 계속 넣어야 한다. 아무리 비싼 최신형 자동차도 기름 없이는 조금도 움직이지 못하지만, 오래되고 낡은 중고차라도 기름을 계속 가득 채우면 목적지까지 도달할 수 있다.

주께서 우리에게 주신 각자의 임무를 다하기 위해 우리는 하늘의 기름을 우리 인생에 가득 채워야 한다.

주님의 기름 부음의 체험은 내 생각의 너비와 높이를 다른 차원으로 인도해 주었다. 그리고 그것은 삐걱거리고 덜덜거리던 내 차에 다시 달릴 에너지를 넣어 준, 천국의 기름이었다.

꿈을 꾸는 자는 그 안에 하늘의 기름을 채울 때

마침내 그 꿈을 향해 달리는 자가 된다

유다의 사자 - 회복 ●

영감

나는 오늘도 피아노 앞에 앉았다.
그리고 건반을 두드린다.
지금이 그때입니까?

나는 지금 또다시 펜을 든다.
그리고 하얀 종이를 검은 글씨로 채워 나간다.
지금이 그때입니까?

나는 이 특별한 기다림을 설렘 속에 간직해 왔다.
숨겨진 비밀이 풀어지는 그때를 만나기 위해

나를 향한 의문의 시선들도 내 등 뒤에 꽂히지만
구하는 것을 받아본 자만이 알 수 있는 기대감은
나의 기다림에 대한 질문과 답이다.

지금 내 영감에 불이 켜진다.
피아노를 칠 때고
글을 쓸 때다.

기다림의 비밀이 풀어지는 그 순간은
나의 시간이 아닌 그분의 때인 것을

오늘도 나는 하늘의 기름 부음을 구한다.
특별한 하늘의 기다림을 아는 것만으로도
나는 행복하다.

/ 11 /
핸드 페인팅

 **당신의 하늘에 한 점 구름으로**

나는 가끔 내 손바닥을 들여다본다. 여러 가지 선들로 얽히고설킨 손금들은 마치 오랜 세월 비바람을 견디고 자란 나무의 가지들 같다.

손은 각자의 삶의 여정과 무게를 보여준다. 어떤 사람의 거친 손은 오랫동안의 고된 노동의 흔적일 수도 있고, 누군가를 위한 희생의 증거일 수도 있다. 손바닥의 선들은 마치 전류나 에너지가 흐르는 선들처럼 퍼져 있다.

어느 일요일 예배시간에 그림을 그리기 시작했는데 순간적인 인도하심에 의해 붓을 내려 놓고 손가락과 손바닥으로 그림을 그리기 시작했다. 손가락 하나하나가 마치 붓같이 움직였고, 작은 붓이 여럿 달린 큰 붓을 움직이는 것처럼 손목의 힘을 느끼며 그림을 그려 나갔다. 마치 주님의 마음이 내 손가락들을 통해 전류처럼 흐르는 것 같은 강한 떨림과 감동이 나에게 전해져 왔다.

이렇게 그린 나의 첫 핸드 페인팅은 거의 10분 만에 완성이 되었다. 나는 붓으로 그릴 때보다 더욱 강한 생동감과 생명력을 느낄 수 있었다.

2차원의 평면이 움직일 수 없다는 것은 당연한 이치이지만, 나는 손으로 그림을 그리는 동안 색상들의 시각적 움직임을 느꼈다. 그리고 그것을 보고 있던 사람들도 나와 같은 강렬한 색상들의 움직임을 느끼며 나의 핸드 페인팅을 보고 있었다.

그 예배시간 내내 머릿속에 떠오르는 하나의 이미지가 있었다. 내 손바닥 가득 기름이 부어져 있는 상상이었다. 이 생각이 계속 머리에 맴돌아서, 나는 여러 번 손바닥을 펼쳐 보았지만 내 손바닥은 여전히 건조했다. 아무것도 없었다.

바로 그때 휠체어를 탄 중년 남자분이 내게 다가오더니 내 손에 기름을 부어도 되느냐고 물으셨다. 그리고 그는 예루살렘에서 가져왔다는 작은 기름병을 꺼내 내 손바닥 가득 기름을 부었.

바로 몇 분 전 내 머리에서 상상하고 아쉬워했던, 내 손바닥에 기름이 흘러 넘치는 그 상상이 현실이 된 것이다. 그리고 기름 투성인 손바닥을 그림에 찍었다.

마치 나무의 끈적한 진액을 손에 가득 묻혀 찍는 듯한, 예수의 피를 가득 묻혀 찍는 듯한, 하늘의 마음을 땅에 찍는 듯한 그런 순간이었다.

사람은 보고, 듣고, 냄새 맡고, 맛보고, 느끼는 오감을 통해 세상을 경험하고 자신을 표현한다. 그리고 이 오감을 통해 다른 차원의 영적 세계를 경험하고 느끼는 육감을 발전시킨다.

나는 천국의 영이 오감을 통해 우리에게 전달되고, 그것은 육감을 통해 우리에게 깨달음을 준다고 생각한다. 내가 손바닥 가득 묻은 기름으로 마치 도장을 찍듯 그림에 찍었을 때 손바닥으로 오는 떨림과 에너지를 느끼지만, 그것의 의미를 깨닫는 것은 나의 육감을 통한 영적 세계에 대한 연결로 시작된 것이다. 그리고 그 육감은 모든 창조적 아이디어의 시작일 수 있다.

진정한 의미의 창조는 기존에 존재하던 것들을 재구성해서 더 새롭고 좋은 것을 만드는 것이 아니라 완전한 무에서 완벽한 유를 만드는 것이다. 그러므로 사람이 하는 창조는 진정한 창조가 아니다. "해 아래 새것이 없다"는 전도서의 말씀처럼 사람이 무엇을 새로 발명하고 만들었다고 해도, 그것은 모방이나 재구성일 뿐이다. 인간세계의 창조는 100% 하나님의 것에 대한 모방과 재발견이다.

하나님의 마음에 우리가 닿을 때, 하나님의 마음이 우리에게 전달될 때 우리는 진정 아름답고 의미 있는 우리만의 재발견(창작)을 하게 된다.

어떤 분들은 가끔 내 작품들에 대한 개인적인 철학이나 의미를 물어보신다. 나는 내 그림들에 대해서 부모가 자식을 바라보는 애틋함은 있지만, 집착은 없다.

　내 손을 빌려 이 땅에 태어난 내 그림들은 그 누구에게는 위로와 희망을 주기도 하고, 또 어떤 이들에게는 상처받은 마음을 치유하는 일을 하기도 한다. 나의 그림들은 이렇게 각각의 임무를 띠고 이 땅에 태어난 나의 아이들이다. 나는 이것들을 내 품에서 세상으로 떠나보낸다.

　잔디에 누워서 파란 하늘을 바라본다. 첫 번째 구름이 천천히 움직이며 지나간다. 그 뒤로 두 번째 구름들이 몰려온다. 또 그 뒤를 따라 세 번째 구름이 하나둘씩 겹겹이 모이기 시작한다. 이 많은 겹겹 층층의 구름은 파란 하늘의 일부다.

　나는 나의 그림들이 파란 하늘을 수놓아 아름답게 보이게 하는 한 겹의 구름처럼, 하나님 나라의 아름다움을 드러내 보여주는 구름 한 점으로 이 땅에서 쓰이기를 바란다.

/ 12 /
천사

 **시험하기 위해서, 아니면 축복하기 위해서**

천사는 늘 우리의 상상 속에 있었다. 어린이들의 동화에 늘 천사가 나온다. 인류 역사의 여러 전설 속에 때로는 요정, 선녀, 수호신 등으로 등장한다. 상상 속에 나오는 천사는 신비롭고 환상적이다. 우리 한 사람 한 사람을 지키는 수호 천사이기도 하고, 자주 후광과 큰 날개를 가진 것으로 묘사된다.

성경을 보면 천사가 모두 귀엽고 예쁘지만은 않았던 것 같다. 하나님의 천사가 나타나는 것을 본 사람들은 모두 한결같이 두려워서 떨었다. 그리고 성경에는 천사가 사람의 모습으로 나타나기도 했다고 한다. 성경의 천사들은 하나님의 사자로서 임무를 수행하는, 남성적이고 힘 있는 존재들이다.

우리가 숨쉬는 공기가 눈에 보이지는 않지만 확실히 존재하는 것처럼, 영적인 세계도 우리 눈에는 보이지 않지만 분명히 존재한다. 천사들은 이런 영적 세계에 속한 존재로서 현실 속에서 보이지 않지만 특별히 수행해야 할 임무가 있을 때 우리 앞에 나타나기도 한다고 생각한다.

어느 해 가을, 나는 천사를 만났다.
그날 나는 그림을 전달하러 생소한 길을 운전하며 가고 있었다. 길을 잃어서 헤매다가 다시 고속도로로 진입하려는 순간 너무나 누추한 모습으로 구걸하고 있는 어느 할머니를 보았다. 스쳐 보이는 그 할머니의 모습에서 나는 이상하게도 평안함과 함부로 다가설 수 없는 기품 같은 것을 느꼈다.
이 특별한 느낌을 주는 걸인 할머니에게 약간의 돈이라도 드리고 싶은 강한 충동이 있었지만, 두 번째 차선에 있었기 때문에 뒤에 줄줄이 진입하는 차들로 인해 할머니 앞으로 다가갈 수 없어 그저 지나치고 말았다. 고속도로에 진입해서 운전하는 동안 그 할머니의 모습이 머릿속에서 내내 지워지지 않았고, 돈을 드리지 못한 것에 대한 아쉬움도 깊었다.
그런데 그림을 전달하고 나오는 길에 또다시 길을 잃어 헤매게 되었고, 전혀 모르는 어떤 길에서 다시 내려야 하는 상황이 되었다. 그래서 고속도로에서 빠져나오는데 바로 그 자리에 아까 그 할머니가 그 모습 그대로 서 있는 것이었다.
갑작스럽게 펼쳐진 상황이었다. 빨리 차를 세우고 재빨리 지갑에서 얼마의 돈을 꺼내 창문을 내리고 할머니께 드렸다. 그런데 그 할머니는 정말 뒤에서 후광이 비치듯이 너무나 밝은 미소를 지으며 내게 다가와서 내 손을 꽉 잡고 이렇게 말하는 것이었다.

"드디어 나를 돌아보는 누군가를 찾았군요! 나는 여기서 두 시간 이상 서 있었지만 아무도 나를 도와주지 않고 그냥 지나쳤어요. 이제 나는 드디어 나를 지나치지 않고 도와준 그 누군가를 만났네요. 감사합니다! 감사합니다!"

전에도 이 할머니와 같은 길거리의 걸인들에게 도움을 준 적이 있지만 이런 거창한 감사의 말은 이전에 일찍이 들어본 적이 없다. 마치 천사나 왕의 명령을 받은 암행어사가 허술한 복장으로 변장하고 성안 사람들의 민심을 살폈다는 이야기 같다는 느낌이 들었다.

그 할머니는 한동안 나의 손을 놓지 않았다. 눈에서 눈으로, 마음에서 마음으로 말로 표현하기 힘든 어떤 기운이 우리 사이에서 흐르는 것 같았다. 그리고 신기하게도 내 뒤에 따라오는 차가 하나도 없어서 이 특별한 순간은 전혀 방해를 받지 않았다. 마치 이 세상을 시험하기 위해서, 아니면 축복하기 위해서, 혹은 그 어떤 이유로 우리를 지켜보고 관찰하던 한 천사를 만난 것 같았다.

이 할머니와 헤어진 후 바로 주님께서는 내가 잊고 있었던, 이십 년도 넘은 어떤 만남을 기억하게 하셨다. 내가 이십 대 초반에 의상 디자이너로 일하고 있던 시절에 회사 근처를 늘 서성거리며 구걸하던 탐(Tom)이라는 걸인이 있었다. 중년이 훨씬 넘은 탐은 어느덧 나의 출퇴근 길에 인사를 나누는 사이가 되었고, 나는 가끔 따뜻한 말과 커피를 건네며 동전 몇 개를 주는 그런 젊은 아가씨였다.

하지만 시간이 지나면서 나는 구걸을 일삼는 길거리의 걸인들에 대해 동정심보다는 그들의 게으름을 비난하는 마음이 생겼다. 그들의 결핍과 필요에는 관심이 없는 메마른 인간이 되어 버렸다.

어느 날 탐이 나를 계속 쫓아오며 내게 말을 걸었다.

"당신의 동정심은 어디로 갔습니까? 당신은 가끔 나에게 인사도 하고 커피도 사 주던 친구였는데 그런 따뜻한 마음은 어디로 갔나요?"

나는 그에게 일도 안 하는 게으른 사람이라고 핀잔을 주고 빨리 그를 피해 버렸다.

그날 이후 탐은 더 이상 나에게 인사를 하지 않았고, 나도 그를 잊어버렸다. 그렇게 까맣게 잊었던 그날의 대화 장면이 비디오처럼 떠오르며 그가 내게 한 그 한마디가 내 가슴을 찌르며 맴돌았다.

"당신의 동정심은 어디로 갔습니까?"

나 스스로에게 물어보았다.

"나의 동정심은 어디로 갔지?"

이날 그 할머니와의 특별한 만남은 그렇게 나의 잃어버린 동정심에 대해 돌아보는 계기가 되었다.

길거리의 걸인들을 볼 때면, 또 그 할머니가 서 있었던 그곳을 지날 때면 나는 그 할머니와의 만남을 떠올린다. 그리고 지금은 아마 천국에서 편안히 쉬고 있을 탐 아저씨에게도 미안한 마음이 든다.

그 할머니는 진짜 천사였을까? 그것에 대한 답은 주님만이 하실 수 있을 것 같다. 하지만 그 할머니는 나의 메말랐던 동정심을 깨워 준 나의 천사로 영원히 기억될 것이다.

세상은

어느 추운 겨울날
천사가 다가왔다.

아무런 말도 없이
세상은 아직 살 만한 곳이라는 것을 보여주었다.
그의 뒷모습은 내 마음속에 간직되었고
세상은 그로 인해 조금 더 아름다워졌다.

그리고 어느 날
세상은 꼭 힘든 곳만은 아니라는 것을
보여줄 수 있는 기회가 내게도 왔다.
하지만 까맣게 잊혀진 그 겨울날의 기억으로
나는 그 순간을 놓쳐버렸다.

모든 기회는
준비된 자만이 가지는 것.

세월 속에 무뎌진 나의 순수함을 슬퍼하며
다시 한 번 그 겨울의 천사를 생각한다.
그리고 이젠 나도 누군가에게 보여주고 싶다.

세상은 여전히 살 만한 곳이라는 것을.
그리고 세상은 여전히 아름답다는 것을.

/ 13 /
의의 흉배

 **힐링을 입는다**

인류문화의 기본이라고 할 수 있는 의·식·주 3가지 중에서 그 시대의 문화와 가치관을 가장 잘 반영하는 것은 단연 옷이라고 생각한다. 중세 유럽의 섬세하고 우아한 레이스로 장식된 드레스, 아프리카의 원색적인 색상과 대담한 장신구, 한복의 우아한 선, 이처럼 세상 모든 나라의 의상들은 그 민족성과 시대의 문화적 특성까지 다 담고 있다.

개인에게 있어서도 마찬가지다. 제복이 그 사람의 직업을 직접 알려줌은 두말할 나위도 없다. 그 사람의 미에 대한 감각, 삶에 대한 태도 등이 그 옷에 나타난다. 옷은 자신을 소개하는 명함과도 같은 것이다. 특히 자기표현을 중요시하는 현대사회에서 옷은 그 사람의 개성을 나타내는 순수하고 직접적인 표현 중 하나다.

나는 과거에 의상 디자인을 공부한 적이 있었다. 화려한 디자이너가 되는 것을 꿈꾸며 일을 시작했지만 곧 능력의 한계를 느꼈다. 판매 실적, 매출과 직결된 너무나도 변화무쌍하고 민감한 유행, 그 와중의 치열한 경쟁 스트레스를 견디지 못하고 3년 만에 그 길을 포기했다. 그 이후 유행과 패션은 오랫동안 나의 관심 밖의 일이었다.

아이들을 키우면서 내 아이들의 옷에도 별 관심이 없었다. 그러던 어느 날 가까운 백화점에서 오랜만에 옷을 구경하고 있었다. 그리고 청소년 아이들의 티셔츠 매장을 둘러보다가 나는 엄청난 충격을 받았다. 해골, 악마, 칼, 피…, 잔인함과 죽음의 이미지가 가득 찬 디자인 일색이었다.

이전에 느끼지 못했던 분노가 가슴에 치밀었다. 그것은 하나님이 주시는 거룩한 분노였다.

나는 세상 유행의 흐름에 무신경했던 그간의 무관심을 회개했다. 해골이 그려진 옷들은 예전에는 할리우드나 가야 찾아볼 수 있었고, 핼러윈 때나 볼 수 있는 그런 디자인들이었다. 하지만 이제는 청소년들에게 일상의 패션이 되어 버렸다.

분명 그런 옷들은 이전에도 내 주위에 있었고, 내 눈에 띄고 지나쳤을 것이다. 그러나 나의 영적 감각이 깨어나지 못했기 때문에 눈으로 보아도 보지 못했고, 아무것도 느낄 수 없었다.

이스라엘 백성들이 산당들을 지어 우상을 숭배했듯이, 우리도 수많은 사탄의 형상들을 만들어 유행이라는 명분으로 입고 다니며 미디어로 퍼뜨리고 있다는 섬뜩한 사실을 깨달았다.

'하나님의 전신 갑주를 만들어야 한다!'

그것은 내 마음에 확신처럼 들어오는 하나님의 명령 같았다.

"진리의 허리띠, 의의 흉배, 복음의 신, 믿음의 방패, 구원의 투구, 성령의 검."

이것이 주님께서 내게 주신 세상을 향한 마음이고, 내가 할 일이라는 것을 깨닫게 되었다. 그렇게 주님께서 내 마음에 심어 주신 이 전신 갑주의 비전은 갈수록 내 속에서 자라나고 뜨거워졌지만 나는 이 일이 쉽게 시작할 수 없는 일임을 너무나 잘 알고 있었다. 디자이너로 일해 보았던 경험 때문이었다.

우선 내게는 이 사역에 대한 어떤 확인이 필요했다.

그러던 중에 어떤 분에게서 전화가 왔다. 그분의 친구를 내가 몇 번 만난 적이 있는데, 그 친구가 내 꿈을 꾸었다는 것이다.

매우 신실한 기도의 사람이었던 그 친구는 꿈속에서 내가 티셔츠 하나를 보여주었는데 그 티셔츠를 가까이서 자세히 보니 세계지도가 그려져 있었고, 그 지도가 성령의 불로 타오르고 있었다고 했다. 그 꿈이 얼마나 생생하고 인상적이었던지 자기 친구에게 그 이야기를 했고, 그것을 들은 그분도 그 꿈을 의미심장하게 여겨 나에게 전해주었다.

그 친구는 내가 하나님의 의의 흉배를 만드는 사역을 생각하고 있는 것을 전혀 알지 못했다. 이렇게 어느 믿음의 사람의 꿈을 통해 주님께서는 나에게 그 사역을 확인시켜 주셨다.

그 꿈으로 확인시켜 준 이후에도 현실에서 특별히 달라지는 것은 없었다. 그러나 나는 내 마음에 믿음의 씨를 뿌렸고, 그 씨는 뿌리를 내리기 시작했다.

의류사업은 워낙 많은 자본을 투자해야 하고 많은 위험 부담이 있기 때문에 그림엽서 만드는 것처럼 내 힘으로 시작할 수 있는 일이 아니었다. 그러던 중 내 그림을 티셔츠로 만들어 보자는 여러 번의 제안이 있었다. 그때마다 나는 '이제야 때가 왔나 보다' 하며 그 제안들에 흥분했지만, 그 일들은 번번이 여러 가지 이유로 별다른 성과 없이 끝나고 말았다.

수년 동안 여러 번 좌절과 실망이 있었지만 나에게 이 사명은 선택의 여지가 있는 것이 아니라 나에게 임무로 주신 것이라는 확신은 절대 변하지 않았다. 그리고 실패를 거치면서 나는 배워 가고 있고, 나의 막연한 꿈도 나만의 패션라인으로 꾸준히 조금씩 만들어가고 있다.

나의 의의 흉배는 사람들의 몸을 감싸면서 그들에게 힐링을 전달해 준다고 믿는다. 그리고 나는 날마다 전신 갑주를 입는다!

> 엡 6:13-17 "그러므로 하나님의 전신 갑주를 취하라 이는 악한 날에 너희가 능히 대적하고 모든 일을 행한 후에 서기 위함이라 그런즉 서서 진리로 너희 허리띠를 띠고 의의 호심경을 붙이고 평안의 복음이 준비한 것으로 신을 신고 모든 것 위에 믿음의 방패를 가지고 이로써 능히 악한 자의 모든 불화살을 소멸하고 구원의 투구와 성령의 검 곧 하나님의 말씀을 가지라."

/ 14 /
보금자리

 **이 땅의 작은 천국**

집은 그저 주택이 아니다. 모여서 먹고 잠자는 주거공간 이상이다. 보금자리다. 오늘날의 집은 쉼과 안전뿐 아니라 평화와 독립마저 보장해 주는, 구별된 공간이다.

집의 분위기는 그 안에 사는 구성원들의 취향과 특성에 따라 만들어진다.

주택의 진정한 가치는 그 평수의 크기와 가격이 아니라 그 집이 가지고 있는 특유의 분위기에 달려 있다고 생각한다. 어느 집은 바깥은 웅장하고 화려하게 보이지만 들어가 보면 차갑고 어두운 경우가 있다. 반면에 어떤 집은 작고 검소해 보이지만 그 안은 따뜻함으로 가득 차 있다.

우리가 사는 공간인 우리의 집은 우리의 자화상과도 같다. 우리 각자의 성격과 취향대로 꾸밀 수 있는 장소이고, 또한 바깥의 시선이나 간섭에 상관없이 자신의 창조성이 안전하게 표현될 수 있는 곳이기 때문이다.

집은 가정(home)이 깃든 곳이다. 여기서 우리는 삶을 배운다. 어린 시절부터 가정에서 인생의 밑그림을 그려 가기 시작하는데, 거기서 가장 중요한 것은 빛과 그림자, 바로 어디에 속해 있느냐 하는 것이다.

태초에 하나님이 세상을 창조하실 때 "빛이 있으라" 말씀하셨다. 어두움은 이미 혼돈 속에 존재하고 있었다. 그 빛은 어두움을 통과하며 새로운 공간을 만들어 냈다.

빛과 어두움은 동시에 세상에 존재한다. 우리는 주어진 환경의 영향을 받으며 또 각자의 선택에 따라 세상의 빛과 어두움의 영향을 받고 또 영향을 끼치며 살고 있다.

나는 사역을 위해 여행을 많이 한다. 호텔에 머물기도 하지만 때로는 나를 초청해 주신 분들의 집에 머물기도 한다. 머무는 곳마다 그곳에 걸려 있는 그림들이나 사진들이 전달하는 영적인 힘으로 인해 편안한 분위기를 느끼기도 하고, 때로는 무엇에 눌린 것처럼 답답함을 경험하기도 한다.

시각적 이미지는 영적인 분위기를 표출해 내는 매우 강력한 매체다. 예를 들어, 집안에 걸려 있는 영화 포스터를 생각해 보자. 그 영화가 아무리 유명해도 어두움과 폭력을 주제로 하고 있다면, 그 포스터는 그것이 걸려 있는 공간(집)과 그 안에 사는 사람들의 정신상태에 어두운 영향을 끼친다.

우리가 보는 것이 우리를 만든다는 말이 있다. 우리가 사는 공간을 평화롭고 안전하게 만드는 것은 인생에 있어서 아주 중요한 과제다.

한번은 샌프란시스코 근처의 어느 호텔에 머무른 적이 있다. 그 호텔 방에 걸려 있는 그림 하나가 어둡고 오싹한 영적 분위기를 풍기고 있었다. 불안하고 두려운 느낌에 불을 켜고 잠을 청했다. 하지만 쉽게 잠들지 못하다가 새벽 4시 즈음에 눈을 뜨고 방의 베란다를 내다보았다.

어둠 속에서 베란다에 하얀 비둘기가 앉아 있는 것이 보였다. 그 순간 두려움이 순식간에 사라지고 비둘기 같은 성령님의 임재와 보호하심을 느끼게 되자 내게 담대한 평안함이 찾아왔다. 그 하얀 비둘기는 그 자리에서 두리번거리며 안팎을 살피면서 오랫동안 머물다가 날이 밝아지자 마침내 날아갔다.

우연이었을까? 아니, 세상에 우연은 없다. 하나님의 섭리와 우연은 공존하지 않는다. 하나님의 손길이 있을 뿐이다.

애리조나에서 열린 어떤 컨퍼런스에 참가했을 때의 일이다. 한 여자분이 다가오더니 하나님께서 자신의 기도의 열매로 나를 보내주셨다고 하는 것이었다. 의아한 내게 그분은 미소를 지으며 그 사연을 들려주었다.

십 대의 아들이 있는데 자기 방을 폭력적이고 어두운 만화들의 포스터로 장식하고 있었다. 그것들이 어떻게 그 아이에게 영향을 미치는지 알고 있던 엄마는 그런 것들을 떼어 버리고 싶었으나 아들은 고집을 피웠고, 이 일로 모자 사이에 신경전이 오래 계속되었다.

그리고 마침내 엄마는 아들에게 잔소리하는 대신 기도하기로 했다. 아들 스스로 방에 붙인 어둠의 이미지들을 떼게 해주시기를 기도했다.

그러던 중에 그 엄마는 내가 참가하고 있던 집회에 마침 아들을 데리고 오게 되었다. 거기서 소년은 내 그림들을 보았는데 마음에 들었는지 온종일 그림들을 보고 고르고 또 뒤에 붙어 있는 그림에 대한 설명서를 읽으며 하루 종일 그림들의 주위를 서성였다. 그다음 날도 여전히 그림들 주위를 떠나지 못하며 감상하는 아들과 그 뒤에서 그 모습을 지켜보는 엄마가 있었다.

그리고 그 소년은 자신의 용돈으로 작은 프린트들을 사기 시작했다. 엄마는 여전히 뒤에서 흐뭇하게 그 모습을 지켜보았다. 아들은 집에 돌아가 자기 방에 붙어 있던 영화와 만화 포스터들을 모두 떼어 버리고 그 자리에 내 그림들을 걸었다. 그리고 달라진 방의 분위기에 아주 만족해서 가족들에게 자랑을 했다.

엄마의 기도는 결국 이렇게 응답을 받았다. 그 이유로 그분이 내가 자신의 기도 열매라고 말씀하신 것이다.

엄마는 매일 아들이 시간을 보내고 잠을 자는 그 방의 중요성과 방에 붙여진 시각적 이미지들이 가지고 있는 영적인 힘에 대해 잘 알고 있었다.

우리가 생활하는 공간은 우리의 휴식을 위한 가구뿐만 아니라 영적으로 건강한 분위기를 만드는 일에도 신경을 써야 한다. 우리 집 안에 걸린 모든 시각적인 이미지들은 영적인 힘을 가지고 있다. 그것들을 매일 보며 그 아래서 생활하는 우리는 자신도 모르게 그 이미지들이 주는 메시지의 영향을 받게 된다. 그러므로 우리 집 안에 걸리는 그림들과 사진들은 신중하게 선택되어야 한다.

우리가 보고 믿는 것이 우리를 만든다. 우리 아이들이 늘 보는 것이 그들의 생각에 영향을 미치고 미래를 만든다.

길거리의 광고나 TV에 나오는 프로그램들은 내가 만들고 결정할 수 없지만 내가 사는 내 집에서 보이는 것들은 내 뜻대로 만들고 바꿀 수 있다.

우리는 인생의 많은 시간을 집에서 보낸다. 삶의 거의 3분의 1이나 되는 잠자는 시간을 비롯해 우리가 가장 많이 머무는 장소인 우리의 집은 회복과 치유가 일어나는 공간이어야 한다. 세상 속에서 들이닥치는 공격들이 차단된 안전한 보금자리가 되어야 한다. 집이 불안하고 싸우는 공간이라면 그 사람의 삶은 얼마나 고단하게 될 것인가!

하지만 만일 그럴 경우라도 아주 작은 당신의 방만이라도 지친 당신의 심령이 회복되는 공간으로 꾸며야 하지 않을까?

우리의 가정은, 천국의 분위기와 문화를 옮겨 놓은 이 땅의 작은 천국이 되어야 한다.

/ 15 /
특정한 시간, 특별한 메시지

 **보물 찾는 아이가 되어**

몇 년 동안 주님과 동행하며 그림을 그리면서, 어떤 일정한 메시지를 계속 반복해서 그리게 되는 특정한 기간을 경험하게 되었다.

2008년 나는 성령의 인도하심으로 "유다의 사자"(Lion of Judah)를 그리게 되었다. 지금도 처음 그 그림을 그리기 시작했을 때 주저하던 생각이 난다.

유다의 사자는 다시 오실 예수님의 표상으로 왕으로 오실 예수님을 상징한다. 주께서 영감을 주시니 그것을 그리기는 해야 하는데 사실 사자를 한 번도 그려 본 적이 없기에 걱정과 두려운 마음이 있었다. 그것도 내 개인 작업실이 아닌, 많은 사람 앞에서 그려야 하므로 '혹시 망치면 어떻게 하나?' 하는 인간적 염려도 내 안에 있었다.

하지만 그 모든 것을 내려놓고 나 자신을 주님의 인도하심에 맡겼을 때 나는 유다의 사자를 그려낼 수 있었다. 지금도 가끔 그때의 그림들을 보면 '저걸 내가 어떻게 그렸을까!' 하는 신기함과 놀라움을 느낀다.

2008년은 미국에서 서브 프라임 사태로 많은 회사가 도산하고 은행도 망하던 때였다. 사람들은 직장을 잃었고, 가정 경제가 파탄이 났다. 미국에서 시작된 이 파국은 다른 나라에까지 영향을 끼쳤다. 많은 사람들에게 참 힘든 시간이었다.

나는 그 시절 매주 화요일마다 할리우드 근처의 작은 카페를 빌려 예배드리던 샨 볼츠 목사님 교회에서 유다의 사자를 그렸다. 거의 일 년 동안 거듭 그린 유다의 사자 그림들이 많은 사람에게 위로와 희망을 주었다.

매주 여러 사람이 내게 와서 내 그림을 통해 위로와 회복을 경험한 이야기를 들려주었다. 어떤 분들은 꿈에서 내가 그린 사자를 보았다고 하고…. 나는 신기하게 생각했다.

유다의 사자는 당시 어려운 시기를 지나는 사람들을 격려하기 위해 주께서 주시는 은혜와 위로의 시각적 메시지였다.

사실 매주 사자만 그리는 것이 싫증이 나기도 했고, '보는 사람들도 식상하면 어떡하나!' 하는 생각이 들었지만 성령께서 내게 다른 그림을 말씀하기 전까지는 그만둘 수가 없었다. 당시 유다의 사자 그림을 아마 100점 정도 그렸던 것 같다.

다윗의 열쇠 ●

그러던 어느 날 주님은 내게 "이제는 날아오를 때다"라고 말씀하셨다. 나는 이제 독수리의 계절이 시작되었음을 알았다. 과거의 실패와 그 어둠에 잠겨 있지 말고 높이 날아오르라는 성령님의 말씀에 따라 나는 독수리를 그리기 시작했다.

이렇게 시작된 그 계절에 그린 독수리 그림들은 보는 사람들에게 현실의 한계를 뛰어넘어 날고 싶은 용기와 희망을 주었다고 나는 생각한다.

이런 특별한 기간들이 내게 올 때면 나는 보물찾기를 하는 아이처럼 흥분한다. 내 손에서 그려질 나도 모르는 그림들을 기대하며 들뜨게 된다. 마치 오랫동안 사막에서 갈증으로 헤매다가 오아시스를 발견하는 것과 같다. 펑펑 쏟아지는 주님의 생수를 마신 후, 마신 만큼 이 땅에 하늘의 이미지를 운반해 오는 것과 같다.

계절이 오고 가듯 이러한 특별한 시간이 끝나면 나는 아쉬운 마음과 함께 또 다른 기대를 하고 다음을 기다리게 된다.

그런 기다림의 시간이 지나고 어느 날, 또 한 번 새로운 계절에 들어가게 되었다. 새로운 시간 안에 들어가면 사물을 보는 관점이 달라진다. 이전에는 생각해 보지 못한 방법으로 생각하게 되고, 그것을 그림으로 표현하게 된다.

2010년 12월 31일, 나는 예수님의 시간 속으로 여행을 떠났다.
하늘 구름 속에 겹겹이 싸여서 보이는 주님의 얼굴.
넓은 바다의 잔잔한 물결과 파도,
그리고 그 위로 튀는 물방울 하나하나가 만들어내는 주님의 형상.

멀리 보이는 산들의 봉우리, 골짜기, 겹친 언덕들 사이로도 보이는 그분의 마음.

고층 건물의 유리창들과 복잡한 빌딩의 숲에서도 느껴지는 그분의 그림자.

바로 내 앞에 앉아 있는 사람의 눈동자에서 발견되는 주님의 눈빛.

이렇듯 세상 모든 곳에서 나는 주님의 얼굴을 발견하게 되었고, 그것을 그리기 시작했다.

흥미로운 사실은 내가 주님의 얼굴을 그릴 때, 사람들은 내 그림 속에서 내가 직접 그려 넣지 않았던 유다의 사자와 독수리의 형상을 같이 찾곤 했다는 것이다.

그제야 나는 알게 되었다. 나는 에스겔에 나오는 네 생물을 그리고 있었다. 사람, 사자, 독수리…그리고 남은 것은 황소였다.

사람들은 나에게 황소는 언제 그릴 것인지 계속 물어보았다. 나도 황소를 그리고 싶었지만 주님께서 허락하실 때까지 기다릴 수밖에 없었다.

어느 컨퍼런스에서 페트리샤 킹(Patricia King) 목사님이 갑자기 내게 와서 말씀하셨다.

"주님께서 네가 황소를 그리기를 원하신다. 네가 황소를 그리면 그 값은 주님께서 직접 지불하신다고 말씀하셨다."

꼭 예수님께 직접 그림 주문을 받는 것 같았다. 마침내 황소의 시간이 나에게 왔다. 나는 황소의 담대하고 강한 영을 내 안에 받기를 원했고, 그 그림을 그렸다.

황소는 부지런히 일하는 동물이고, 사도적인 정신과 개척자의 상징이다. 풍성한 추수를 위해서 꼭 있어야 할 일꾼이다. 밭을 갈고 씨를 뿌리지 않고서는 수확을 기대할 수 없다. 하지만 이 시대에 우리는 대부분 황소처럼 더러운 흙을 묻혀 가며 땀 흘려 일하기를 원하지 않고 수확하기만을 기대한다.

개인적으로 이 황소의 계절은 나에게 많은 변화를 가져왔다. 우선 나는 황소처럼 강하고 충실하고 담대하게 열심히 일하기로 했다. 나에게 주어진 밭을 가는 일에, 발에 흙을 묻히기를 주저하지 않기로 마음먹었다. 편안하고 안정적인 내 주변의 사역뿐만 아니라 나를 필요로 하는 장거리 사역 또한 마다하지 않기로 했다.

그 결심이 서는 것과 동시에 주님께서는 내게 많은 새 문들을 열어 주셨다. 애리조나 여름의 뜨거운 사막부터 눈보라가 몰아치는 1월의 미네소타, 그리고 대륙 동쪽 끝의 캐나다의 작은 마을까지 내 그림을 필요로 하는 곳이라면 어디든지 갔다.

그렇게 황소는 나에게 농부의 마음을 심어 주었다.

우리 인생에는 특별한 계절과 시간이 있다.
머물러야 하는 시간,
떠나야 하는 시간,
무작정 기다려야 하는 인내의 시간,
그리고 사랑하는 시간.

나는 사람들의 마음속에 그림을 통해 주님의 사랑과 꿈을 뿌리는 시간에 살고 있고, 그것들이 자라나 열매 맺기를 기다리는 인내의 시간에 살고 있으며, 사랑하는 사람들의 소중함을 깨닫고 더욱 사랑하고 싶은 은혜의 시간 안에 있다.

 내 그림 사역에서 찾아왔던 이 특별한 계절들은 이렇게 나에게 인생의 각기 다른 시간을 깨닫게 해주었다.

여행

여행을 떠난다.
저 멀리 보이는 약속의 땅을 향해
산 넘고 바다 건너
기차 타고 버스 타고
걸어서 그곳까지.

나만의 보물이 숨겨진 그곳으로
지도를 펴서
나를 지나치는 사람들에게 그 길을 물어본다.
어느덧 뒤돌아 발자국을 바라보며
나는 지치고 있다.

무언가를 놓친 듯한 허전함과
모든 것을 뒤로하고 온 것 같은 불안감도
사명이란 이름 아래 덮어 버렸지만
즐길 수 없는 사명은 고통이라는 것을
이제는 내게 알게 하신다.

여행을 즐기자, 나만의 여행을.
코끝을 스치는 들꽃의 향기도 지나치지 말자.
시끄럽게 종알대는 새들의 노랫소리도
무시하지 말자.
고단함을 풀어주는 시냇가에서의 한순간도
특별한 나의 휴식으로 누리자.
하늘의 별만을 바라보다 놓친
수많은 나의 작은 순간을
이제는 같이 즐기자.

이젠 여행을 사랑한다.
내 여정의 순간순간이
내 스케치이고
내 색깔이고
내 그림이다.
천국의 그림 속에 발자국을 남기는
우리들의 여행 일기는 주님 나라의 다큐멘터리다.

/ 16 /
야곱의 사다리

 **아트(Art) - 이 땅과 천국을 연결하는 다리**

아트(Art)라는 단어는 넓은 뜻으로는 창작을 추구하는 모든 종류의 예술을 뜻하지만 여기서는 특별히 시각예술인 미술을 생각해 보자.

사람은 언제부터 그림을 그리기 시작했을까? 그림을 통해서 사람들은 무엇을 표현했을까?

인류 역사 속의 많은 예술의 형태 중에서 특별히 소통의 도구로 시작된 것이 시각예술이다. 문자의 최초의 형태는 그림이었다. 선사시대의 동굴 벽화나 이집트의 상형문자들은 그 당시 사람들의 생활방식, 중요한 사건들을 묘사함으로 후대에 역사를 전했을 뿐만 아니라 그들의 종교의식, 영적 세계의 모습도 우리에게 알려준다.

아트는 사람과 사람 사이의 소통뿐만 아니라 인간과 신을 연결하는 대화의 도구이기도 했다. 피조물인 인간은 창조주를 향한 본능적 경외심과 두려움을 가지고 있었다.

옛 사람들은 그림을 통해 예배의식을 기록하고 보이지 않는 창조주와 영적 교류를 시도했다. 마치 아이가 본능적으로 엄마를 찾는 것처럼 인류는 민족마다 독특한 신화가 있다. 이것은 창조주 신을 찾는 인간의 본능적인 노력이라고 할 수 있겠다.

넓은 의미에서 Prophetic Art(예언적 그림)의 시작은 이미 그때부터일지도 모르겠다.

참 하나님을 모르는 상태에서 그들은 태양과 달, 그 외 다른 것들을 숭배했다. 그들이 아는 그들만의 세상에서 그것들은 창조주 하나님의 상징이었을 것이다.

한 점이 찍히고, 점들이 이어져서 선이 되고, 선과 선이 만나 면을 이루고, 면과 면이 만나 공간이 형성되는 원리를 인간은 본능적으로 알았다. 그리고 인간은 3차원적 공간에 살면서 시간과 공간을 초월해 보이지 않는 영적 세계를 느끼며 그 세계를 동경해 왔고, 우리가 사는 이 3차원의 세계에서 영적 세계를 연결해 주는 통로로서 그림을 사용했다.

불교와 힌두교 사원의 모든 벽마다 빽빽하게 그려진 수많은 신, 헬레니즘 문화 속의 그리스 신상들, 그리고 세계 여러 곳에 널린 토속적 샤머니즘의 그림들은 공통적으로 그들의 삶의 수호신들을 그려 보여줄 뿐만 아니라, 현실에서 영적 세계로 연결하는 문으로서 통로의 역할을 했다.

그림은 신앙(종교)과 따로 떨어진 것이 아니다. 야곱이 돌베개를 베고 벧엘에서 잠을 자다가 그 영의 눈이 열려 사다리를 보고 그 위에 천사들이 오르락내리락 하는 것을 본 것처럼, Prophetic Art(예언적 그림)은 이 땅과 천국을 연결하는 다리이다.

내 그림을 보는 사람 중에 이렇게 묻는 이들이 가끔 있다.
"당신도 그 그림 속의 장면을 보았나요?"
그런 질문을 하는 분들은 실제로 꿈과 환상에서 내 그림 속의 이미지들을 보았다고 했다.

나는 마음에 떠오르는 이미지를 그린다. 영감은 나에게 시각적 이미지를 부어 주고, 나는 내면의 목소리를 따라 그림을 그린다. 성령께서 부어 주시는 영적 이미지가 3차원의 공간에 사는 나의 손과 영감을 통해 2차원의 평면 안에서 그림으로 모습을 드러낸다.

그 그림이 사람들에게 보일 때, 그들은 느낌을 통하여 시간과 공간을 초월하는 영적 세계에 발을 들여놓게 되는 것이다. 내 그림들은 그런 통로로 쓰인다.

오랜 역사를 통해 알 수 있듯이 시각적 이미지를 통해 사람들이 영적 안식과 평화 혹은 악의 존재로부터 보호함을 느꼈다면, 그림과 인간 정신세계의 연결은 확실한 것이다.

오늘날 힐링 아트(Healing Art)와 아트 테라피(Art Therapy)라는 새로운 분야의 학문이 과학적으로 인정을 받으며 관심을 끄는 것은 그림과 정신세계의 관계가 그냥 감성적인 추측이 아니라 과학적이고 합리적인 설명으로 이해될 수 있는 사실이기 때문이다.

실제로 내 그림을 통해 악몽에서 벗어난 분들이 있고, 불면증이 치료된 분들도 있다. 이 그림들은 어떤 사람에게는 평안을 느끼게도 하고, 영적 환경을 청소해 주기도 한다.

이런 현상들은 단지 내 그림을 통해서만 이루어지는 것이 아니라 모든 예언적 그림이 가지고 있는 성령의 선물이다.

이것은 모든 사람에게 똑같은 방식으로 적용되는 것이 아니고 각 사람이 받는 은혜의 종류와 경험이 다르다. 성령은 예언적 그림을 통해 보는 사람들 각자에게 하늘의 메시지를 전한다.

그것이 실제적 치유나 회복, 아니면 영혼이 편안한 은혜이든지 그림을 통한 영적 세계와의 연결은 주님과 개인 사이의 비밀스러운 대화와 같은 것이다.

아트 테라피에서 각자가 그리는 그림들은 그 사람의 내면의 상태를 말해 준다고 한다. 아트를 통해 그리는 사람의 정신세계가 외부로 표출되는 것이다.

물론 성령의 감동으로 온 메시지를 표현하지만 나의 그림은 나의 정신세계의 영향을 받는다. 그림으로 그려져 나오는 것은 성령의 감동을 받은 나의 정신세계다.

그러므로 주님의 영감을 그리는 이 길을 걸으며 나는 나 스스로 내 마음의 평화를 지키려고 의도적으로 노력을 한다. 내 마음과 육신에 속한 걱정과 근심, 또 누군가와 불화가 있으면 그림을 그릴 수 없기 때문이다. 혹시 내가 감당하기에 버거운 관계나 시험에 마주한다면 나는 그 사람 혹은 그 상황을 부딪히기보다는 의도적으로 피한다.

가능하다면 나는 세상 속이 아니라 세상 밖에서 살기를 원한다. 불화와 근심 속에서 빠져나와 내 영혼의 평화를 찾기 위해서다.

그림을 통해 세상을 아름답게 하려면 그 화가의 삶 또한 평화롭고 아름다워야 할 것 같다.

세상의 많은 아티스트들은 그 자유분방한 영혼에서 끓어오르는 분노와 슬픈 격정들을 그들의 언어인 예술로 표현한다. 그리고 많은 경우 결국 자신들이 그렸던 그림처럼, 불렀던 노래처럼, 연기했던 영화처럼 그렇게 살았던 사람들을 우리는 얼마나 많이 알고 있는가?

본인들의 예술을 통하여 세상 사람들에게 인정을 받고 사랑을 받았지만 그 작품의 강한 영적 영향력으로 인해 자신의 삶과 영혼이 무너져 버린다면 얼마나 슬프고 안타까운 일인가! 세상 속 예술가와 주님의 예술가의 차이는 여기에 있는 것 같다.

천국과 이 땅을 연결하는 야곱의 사다리를 만드는 사람들로서 주님의 아티스트들은 보이지 않는 영적 세계를 감지할 수 있고, 주님에게서 오는 그 무엇인가를 담을 수 있는 그릇이 되어야 한다. 그 그릇에 나의 감성만을 담는 것이 아니라 주님이 주시는 영감을 담는 것이다. 그래서 그렇게 만들어진 예술은 야곱의 사다리가 될 수 있는 것이다.

예수께서 제자들에게 "평안하냐"(샬롬!)고 안부를 물으셨다. 샬롬은 평안 이상이다. 마음의 평화, 몸의 건강, 삶의 질서, 관계의 조화 등 모든 좋은 것을 포함하는 말이다. 내면에 샬롬이 있어야 진정한 하나님의 그림을 그릴 수 있다.

나는 언제까지나 주님의 마음을 담을 수 있는 깨끗하고 빈 그릇이 되고 싶다. 내 삶이 다하는 날까지.

꿈

꿈은 천사가 속삭이는 위로의 자장가
내가 놓친 지나간 시간의 되새김
미래의 내 집을 보여주시는 시간여행

때로는 다가올 어둠의 공격을 미리 알려 주시고
피할 곳을 이미 보여주시는 아버지의 영상 편지

현실에서 보이지 않는 길로 헤맬 때
꿈속에서 그 섬세한 인도하심을 알게 하시고
당신의 경고에 마음을 기울이는
천국의 지혜를 담는 그릇이 되기를

꿈 안에서나

꿈 밖에서나

나의 바로 옆자리에 계신

보이지 않는 당신의 존재를 알게 하소서.

/ 17 /
중보기도

 **천국의 기념품**

중보기도는 다른 사람들, 어떤 특정 지역, 혹은 어떤 나라를 위해 하나님의 보호와 개입과 특별한 은혜를 간절히 구하는 것이다.

이 일에 은사와 부르심을 입은 중보기도자들은 주위 사람들을 위해 끊임없이 기도하고, 그 기도 내용을 나누며 격려한다. 이들은 자신들이 기도하는 대상인 그 사람이나 나라를 만나거나 가본 적이 없어도 그들과 그곳을 위해 주님의 마음으로 기도한다.

숨은 기도의 용사들이 이렇게 하나님 나라의 사랑과 정의를 선포할 때, 보이지 않는 영의 세계에서는 그 기도를 이루기 위한 싸움이 시작된다. 우리의 기도는 영적 세계에서의 싸움의 판도를 좌우하는, 보이지 않는 빛의 무기다.

● 그손을 잡고

예언적 그림 또한 이런 중보기도의 특징들을 가지고 있다.

성령께서 그림 그리는 사람에게 영감을 부어 주실 때는 특별한 재능이나 기술이 요구되는 것이 아니다. 다만 주님께서 주시는 것을 표현하는 열린 마음과 순종이 있어야 한다.

내가 앞의 문장에서 화가라고 하지 않고 '그림 그리는 사람'이라고 표현한 이유는 이 중보기도적 그림 사역은 모두에게 열려 있기 때문이다. 설령 그림을 한 번도 그려보지 않았다 할지라도 전혀 문제 될 것이 없다.

우리가 누군가를 위해 기도할 때, 그 사람을 위한 성경 말씀이 생각나기도 하고, 어떤 이미지가 떠오르기도 한다. 실제로 기도 중에 환상을 보는 분도 많이 있다. 기도하는 중에 받은 이러한 영감들을 종이에 연필로 간단하게 그리는 것이다.

시각적 이미지는 말로 전달하는 것보다 더 생생하고 직접적인 인상을 남긴다. 기도하던 중에 받은 영감을 작은 메모지에 스케치해 건네 줄 때, 받는 사람에게 그것은 매우 소중한 천국의 기념품이 된다. 그것은 기도가 드려지고 받아진 것의 징표다. 그 메모지를 받는 사람의 마음에는 그 기도에 관한 믿음의 씨가 심어지게 된다.

바로 받은 중보기도의 내용이 말해지고 그림으로 전달되면 이중으로 강한 영적인 힘이 심어지게 된다. 눈으로 보고 귀로 들으면 더 확실하게 뇌에 새겨지고 가슴에 전달되는 것이다.

내가 그림 사역을 시작하기 몇 년 전이었다. 어떤 집회에 참석했는데 그 집회의 중보기도 팀에 계신 어떤 할머니 한 분이 내게 오셔서

기도해 주셨다. 그리고 그 할머니는 자신이 받은 감동을 내게 말씀해 주셨는데 도중에 정확하게 전달하는 것이 힘드셨는지 갑자기 종이와 연필을 꺼내시더니 간단한 스케치를 그려 가며 설명을 해주셨다. 그림의 내용은 내가 단 위에 서 있고 빛을 뿜어내는 그림이었다.

그때 그 축복의 말씀은 놀랍고도 고마운 말씀이었으나 사실 당시 나의 상황으로는 마음에 크게 와 닿지 않고, 현실적 가능성도 별로 없어 보이는 것들이었다.

중보기도는 과거의 상처를 회복시키기도 하지만 앞으로 우리의 사명을 알려 주는 예언적 격려이기도 하다. 비록 지금 이해가 되지 않아도 믿음으로 받아들이고 언젠가는 그 기도가 현실로 이루어질 것을 기다리면 된다.

그 할머니의 기도는 나를 격려하고 나의 사명을 일깨워 주는 기도였다. 그리고 그 간단한 스케치는 눈으로 보이는 그 기도의 내용이었다. 나는 아직도 그 할머니의 스케치를 간직하고 있다. 그리고 가끔 그 종이를 다시 꺼내 보곤 한다.

나는 그 할머니의 기도의 내용처럼 단 위에서 그림을 그리고, 내 그림을 통해 세상에 빛을 발하는 나의 길을 가고 있다.

세월이 흘러 이제는 그 할머니의 모습도, 기도의 내용도 기억이 잘 나지 않지만 그 스케치는 여전히 내 마음의 보물이다. 그 종이를 볼 때마다 주님의 약속이 다시 떠오르며 나를 스스로 격려하게 된다. 결국 나는 지금 그 할머니가 그려 준 그림대로 살고 있다!

그 메모지의 그림은 전혀 그림을 그려 보지 않은 사람의 솜씨였지만 그것은 주님의 말씀을 시각적으로 완벽히 전하는 역할을 했고,

내게 평생 약속의 증표로 간직할 수 있는, 결코 잊을 수 없는 하늘의 선물이 되었다.

중보기도적 그림 사역은 이렇게 주님의 감동을 시각적으로 표현함으로 사람들의 마음에 주님의 사랑과 은혜를 이해하고 받아들이기 쉽게 전하는 것이다. 그림을 이용한 중보기도 사역은 언어의 장벽 없이 전 세계 어디서나 할 수 있고, 마음만 있으면 누구에게나 가능한 예언적 그림 사역이다.

눈에 보이는 하나의 시각적 이미지는 백 마디의 말보다 더 강하게 기억 속에 남는다. '백문불여일견'은 여기에도 적용되는 것이다.

기도 중에 하늘이 부어 주시는 성령의 감동과 그 기도의 내용을 간단한 스케치로 사람들에게 사랑으로 전해주는 것은 어떨까?

당신도 천국의 아티스트다!

/ 18 /

천국의 보석

 **만져본 천국**

세상에는 우리가 이해하고 설명하기 힘든 많은 일이 일어난다.

우리가 보고 듣고 읽고 배움으로 생기는 정보와 지식은 우리의 지식 창고에 차곡차곡 쌓여 결국 우리가 생각하고 판단하는 기준을 만든다. 그리고 그렇게 형성된 판단의 기준에서 설명하기 힘든 일들을 듣거나 만나면 우리 마음속에는 자연스럽게 의심이 생긴다.

나는 이렇게 내 눈으로 직접 보고도 믿기 힘든, 불가사의하다고밖에는 설명할 수 없는 일을 경험한 적이 있다.

시애틀에 있는 러시아교회 집회에 참석했을 때의 일이다.

그들은 역사적으로 문학과 예술에 조예가 깊은 민족이다. 그 교회도 예술적 기질과 신앙의 열정이 가득한 교회였다. 오래전에 대학 친구로부터 들은 이야기에서 러시아인들의 예술에 대한 사랑을 엿볼 수 있었다.

구소련에서 전문직에 종사하고 있던 그 친구의 부모는 소련이 붕괴될 때 정치적으로 혼란한 틈을 타서 미국으로 망명하였는데, 그때 모든 재산을 정리해서 그림 두 점으로 바꿔서 나왔다는 것이다. 한 가족의 에피소드이지만 이분들에게 예술이 얼마나 중요한지를 엿볼 수 있다.

러시아 교회에서 집회를 할 때 그분들과 점심식사를 하는 동안 신기한 이야기들을 듣게 되었다. 그 교회에 나타났던 천국의 보석, 금가루, 천사의 깃털 같은 현상들에 관한 이야기였다. 나도 전에 그런 이야기를 들은 적이 있어 혹시나 하는 호기심에 인터넷을 통해 조사해 보기도 했었다.

그러나 그런 현상들은 여전히 현실적으로 불가능한, 내 판단으로는 받아들여지지 않는 것이었다. 그런데 이 사람들은 그런 이야기를 아무렇지 않게 서로 나누고 있는 것이었다. 꼭 다른 세상에서 사는 사람들 같았다. 그들은 특히 천국의 보석 이야기를 하고 있었다.

나는 그 자리에서 라나를 소개받았다. 라나는 이미 그들의 공동체에서 그 인생 자체가 기적으로 알려진 사람이었다.

라나는 그날 나를 만날 것을 기대하고 나에게 보여주려고 실제로 그 보석들을 가지고 왔다. 형형색색 다양한 색깔과 크고 작은 다양한 사이즈의 보석들을 만져보며 너무 신기해했지만 마음 한구석의 의심을 지울 수 없었다. 그것들을 사진 찍어 전화기에 저장하면서 나도 이런 것을 하나 받았으면 하는 마음이 들었다.

라나는 내가 어떻게 주님께 받은 영감을 그림으로 옮기는지 궁금해했다. 내가 나의 영감만을 그리는지, 아니면 다른 사람의 꿈과 이상도 그리는지 물어보았다. 그러면서 자신이 천국에서 본 신부의 모습을 내게 말해 주고 싶다고 했다.

전혀 다른 세상에 사는 것 같은 라나의 이야기를 더 듣고 싶어서 따로 만나기로 약속을 했다. 다음 날, 영어가 서툰 라나는 통역해 줄 친구를 데리고 내가 머물고 있던 호텔로 왔다. 그 자리에는 나, 나를 도와주던 조수, 라나, 라나의 친구 이렇게 네 명이 있었다.

우선 라나는 나에게 자신의 간증을 들려주었다.

라나는 러시아에서 20대 중반의 나이에 미국에 건너와서 신앙생활을 하기 시작했다. 결혼하여 세 아이의 엄마가 되었지만 그녀는 자궁암 진단을 받았다. 수술을 했지만 결국 6개월이라는 시한부 인생을 선고받았다.

어린아이들이 딸린 그녀는 도저히 죽음을 받아들일 수가 없었다. 그녀는 주님께 살려 달라고 울며 기도하던 중에 주님께 물어보았다.

"이것이 나의 죄 때문입니까? 아니면 나의 조상의 죄 때문입니까?"

그때 주님은 이렇게 말씀하셨다.

"너의 죄도 아니고 너의 조상의 죄도 아니고 나의 영광을 위해서다."

그리고 그녀는 그 시간 이후 자궁암에서 씻은 듯이 나았다. 기적이었다.

그 이후부터 라나의 삶에는 초자연적인 일들이 일어나기 시작했다.

얼마 후에 몸에 임신한 것 같은 증상을 느꼈다. 이미 예전에 자궁암 수술로 모든 조직을 제거했기 때문에 임신은 생각조차 할 수 없는 일이었다. 하지만 라나는 놀랍게도 임신이라는 진단을 받았다. 수술로 잘라냈던 생식기관들이 온전히 회복되었던 것이다. 그렇게 그녀의 넷째 아이가 태어났고, 내가 라나를 만났을 때는 그 아이가 이미 소년이 되어 있었다.

라나는 여러 날을 기도하며 교회에서 밤을 지새웠는데 언제부터 라나에게 신기한 일들이 일어나기 시작했다. 기도를 시작하면 천국으로 가서 주님을 만나게 되는 것이었다. 주님과 함께 걷고 말씀을 듣다가 깨어나면 천국을 다녀온 증거로 입안에 보석이 생겨서 뱉어내야 했다. 그렇게 지금까지 77개의 보석을 천국에서 이 땅으로 가져왔다. 점심 식사 때 나에게 보여준 몇 가지 보석들도 그중 일부였다.

의심이 많은 나로서는 이러한 라나의 이야기를 도저히 상상할 수도, 믿을 수도 없었다.

나는 라나의 천국 혼인 잔치 이야기를 들으면서 그녀가 본 신부의 모습을 스케치했다. 신부는 웨딩드레스를 입고 있었고, 손에는 아름다운 부케를 들었고, 손을 내밀어 반지를 기다리고 있는 모습이었다. 그 반지가 신부의 손가락에 끼워지는 날, 천국의 혼인 잔치가 시작되는 것이라고 했다.

라나는 잠시 후 기도를 시작했고, 기도 중 잠깐 정신을 잃는 듯했다. 그리고 깨어나더니 놀랍게도 우리 앞에서 작은 핑크빛 연보라색 보석을 뱉었다. 순식간에 일어난 일이었다.

내 조수는 나와 마찬가지로 본 것을 믿을 수 없어 어리벙벙한 표정이었다. 같이 왔던 라나의 통역 친구는 아주 익숙하게 라나가 뱉은 보석을 휴지로 닦았다.

그녀는 천국에서 주님이 말씀해 주신 것들을 내게 전해주며 주님이 천국의 증거로 이 보석을 내게 주라고 하셨다며 그 보석을 건네주었다.

정말 내 눈으로 똑똑히 보았는데도 믿을 수 없는 일이었다. 나는 그렇게 그날 천국의 보석을 가졌다. 그리고 그것으로 반지를 만들어 끼었다. 그 반지를 만질 때마다 나는 실존하는 천국을 만지는 것 같았고, 나의 삶과 신앙을 항상 다시 생각해 보게 되었다.

이렇게 천국의 존재는 나에게 현실로 다가왔다. 안타깝게도 그 보석이 반지에서 빠져 잃어버릴 때까지 오랫동안 내게 그 반지는 천국에 대한 눈에 보이는 증거였다.

나는 그림을 그릴 때나 일상생활 속에서 온 얼굴과 팔에 금가루나 보석 가루가 뿌려지는 것을 경험할 때가 자주 있다. 여러 번 이런 경험을 하면서 나 나름대로 이런 현상에 대해 예술가적으로 상상의 분석을 해보았다.

성경에 나와 있는 대로 천국은 열두 가지 보석으로 꾸며져 있고 금과 은은 돌멩이와 모래처럼 사방에 흔하게 깔려 있다고 천국을 경험한 많은 사람들이 이야기한다.

그러면 이 땅에서 주님의 은혜로 어떤 특정한 장소나 사람들에게 성령이 임하면서 동시에 천국이 진동하면, 영의 하늘이 뚫리고 그 틈 사이로 이런 보석과 금가루, 즉 천국의 돌멩이와 모래가 이 땅으로 떨어지는 것이 아닐까? 그렇게 천국의 증거로 우리에게 나타나는 것은 아닐까? 나만의 재미있는 상상이다.

이렇게 나에게 천국은 단지 죽음 이후에나 갈 수 있는 어떤 곳이 아니라 이 땅에서도 느낄 수 있는 현실 속의 존재가 되었다.

천국은 확실히 있다.

/ 19 / 물 위를 걷다

 **깊은 절망, 완벽한 평화**

살아가면서 우리는 어려운 일들을 많이 겪는다. 일상에서 사소한 문제에 부딪히는 것은 늘 있는 일이다. 그렇지만 우리는 극도로 심각한 위기나 비극적인 사고 같은 일들이 우리에게 일어날 것이라고 결코 생각조차 하고 싶어 하지 않는다. 그런 일은 미리 준비한다고 해서 되는 것도 아니고, 우리 눈앞에 닥쳐야만 그제야 알 수 있다. 진정 인간은 내일 일을 모른다.

신문이나 뉴스에서 사고 사건 소식을 늘 접하면서 안타까움과 동정을 느끼기도 하지만 바로 잊어버린다. 왜냐면 남의 이야기이기 때문이다. 스스로 당해 보지 않았으므로 절실하지 않다.

2013년 11월, 캐나다 토론토에서 그림 사역을 하는 중에 딸 제이미에게서 전화가 왔다. 며칠 전에 목에 울퉁불퉁한 혹 같은 것들이 생겼다는 것이다. 혼자 고민하다가 인터넷으로 알아보니 림프절에 암이 생기면 그렇다는 것을 보고는 겁이 난 것이었다.

나의 삶에서 암이라는 단어는 한 번도 나의 관심이나 염려의 대상이었던 적이 없었다. 게다가 아이가 어린데 무슨 암이란 말인가?

걱정하지 말고 병원에 가보라고 했다. 하지만 전화를 끊고 나서 순간순간 혹시나 하는 걱정이 스쳤으나 '설마, 그런 일이 일어날까?' 스스로 위로하고 무시했다.

CT 스캔과 PET 스캔을 찍어 보았다. 결과는 무서웠다. 이 혹들은 이미 겨드랑이와 가슴까지 많이 퍼졌다는 것이다. 의사는 이미 상당히 진행된 림프암 같다고 했다.

우리는 전문의와 약속을 잡고 조직검사를 해야 했다. 인생을 살아가면서 사탄의 공격을 받는 것은 내가 주님이 기뻐하시는 일을 하고 있다는 증거라는 생각을 하고 있던 나였지만, 내 딸이 암이라는 진단 앞에서는 그런 평소의 생각도 무력했다. 오직 절망감만이 밀려왔다.

이런 종류의 시련이란 항상 다른 사람이 당하는 아픔이었고, 내 이야기가 아니라 다른 어느 사람의 이야기였다. 제이미는 한 달 후면 열여덟, 대학 진학을 준비하고 있었다. 항상 긍정적이었고 주님 안에 열심히 살던 그 아이에게 절대로 일어날 수 없는 일이 일어난 것이다.

의사는 림프암의 확률이 높다고 조심스럽게 말했다. 아이는 이미 림프암의 증상들을 겪으며 매일 힘들어하고 있었다. 나는 아무것도 할 수 없었다. 내 영은 두려움과 절망에 사로잡혔고, 육신은 무기력했고, 그저 숨만 쉬고 있었다.

미국 의료제도는 한국처럼 절차가 빠르지 않아서 우리는 답답한 마음으로 일의 진행을 기다려야만 했다. 우선 조직검사를 기다려야 했다.

실제로 악몽이었으면 얼마나 좋을까?

정신을 차려 인터넷에서 림프암과 그 치료에 대한 정보를 알아보기 시작했다. 나는 암을 이겨낸 몇 분들에게 전화를 해 그 힘들었던 치료 과정들을 전해 들으며 마음의 준비를 해나갔다.

어떤 분은 나에게 시련을 주시는 하나님의 섭리가 있을 것이라고 했지만, 나의 하나님은 우리를 단련시키려고 일부러 시련을 주시는 하나님이 절대 아니다. 우리의 시련은 우리의 무지함과 실수로 인해 오는 결과일 수도 있고, 사탄의 공격일 수도 있다.

나의 주님은 항상 나의 실수와 욕심이 초래한 결과에서 나를 꺼내시고, 사탄의 공격에서 피할 길을 여시는 주님이었다. 하나님은 나를 지키시는 분이고, 나의 도움은 항상 그분에게서 왔다.

나는 이 상황을 하나님께 원망하거나 이것이 하나님에게서 왔다는 생각은 결코 하지 않았다.

두려움 속에서도 시간은 흘렀다. 우리는 첫 번째 조직검사를 마치고 결과를 기다리고 있었다. 긴 기다림의 답답함과 불안은 이루 말할 수 없었고, 하루 24시간이 오직 선고만을 기다리는, 창살 없는 감옥이었다. 그런 어두운 시간 속에서 내 영혼마저 죽어가고 있었다. 그때 나는 인간이 절망 속에 있을 때는 부르짖어 기도할 힘마저 없다는 것을 알게 되었다.

그러던 어느 순간, 몇 달 전에 샨 볼츠 목사님이 기도해 주던 것이 문득 생각이 났다. 내 사역과 내 가족에게 주어질 풍성한 복과 열매에 대한 기도였다. 그 기도 내용을 생각하는 순간 나에게 기적적인 영적 전환이 이루어졌다. 마치 전속력으로 달리던 차가 소리를 내며 급정거를 하고 방향을 틀어 버리는, 영화의 한 장면 같은 일이 내 생각 속에서 일어난 것이다.

주님이 예비하시고 목사님을 통해 선포된 그 축복을 믿지 못하고 눈앞에 닥친 현실에 매여 바둥거리며 죽어가는 나를 본 것이다.

그 순간 나는 꽁꽁 묶은 현실의 밧줄을 초자연적인 힘으로 풀고 빠져나왔다. 마치 예수께서 베데스다 연못가에 누워 있던 병자에게 "일어나 네 자리를 들고 걸어가라" 하셨을 때 그가 곧바로 일어나 자리를 들고 걸었던 것처럼 나는 내가 처한 현실 속에서 벌떡 일어나 자리를 들고 걸어 나왔다.

그 순간부터 나는 나를 지배하고 있던 어두운 현실이 아닌, 나를 향하신 축복의 약속을 붙잡았다. 그러자 놀랍게도 모든 걱정과 절망이 내 속에서 완전히 사라져 버렸다. 림프암은 더 이상 나에게 아무런 의미가 없었다. 더 이상 의미가 없으므로 그 존재 또한 무시해 버리게 되었다.

하룻밤 만에 달라진 내 태도에 나도 놀랐다. 자식이 아픈 엄마로서 내가 이래도 되는 건가? 그러나 이 일은 더는 나의 일이 아니었다. 나는 이 모든 것을 주님께 완전히 맡겼고, 나는 주님의 은혜로 눈앞의 현실과 상관없이 초자연적인 평화를 누리고 있었다.

북한의 지하교회처럼 핍박 중에 믿음을 지키는 사람들이 지옥 같은 현실 속에서 기쁨으로 신앙생활을 한다는 이야기들이 조금 이해가 되는 것 같기도 했다. 물론 그분들의 고통은 내 것과는 비교도 할 수 없겠지만 그분들이 누리는 평화가 이런 비슷한 것이 아닐까 하는 생각도 해보았다.

조직검사 결과가 나왔다. 암인지 아닌지 확진이 나오지 않았다. 의사는 이번에는 더 정확한 결과를 위해 개방 절제 조직검사를 했다. 기다림의 시간이 더 길어진 것이다.

이 싸움은 이미 우리에게 속한 것이 아니었다. 우리는 림프암이라는 존재를 무시했다. 그리고 우리 가족은 늘 그랬던 것처럼 크리스마스 파티도 했고, 여행도 갔다. 림프암이라는 단어는 우리 가족들의 대화에 오르지도 않았다. 우리 삶에 그 암이 설 자리는 이미 없어졌다. 그리고 나는 승리를 확신하며 싸움의 결과를 기다렸다.

2차 조직검사의 결과도 불확실했다. 이런 특별한 경우에는 이 방면에 특별히 전문인 유명 대학 병리학자가 검사를 해야 한다며 샘플을 그리로 보냈다고 했다.

기다리는 시간이 또 한 달 이상 걸렸다. 그리고 마침내 선고가 내려졌다. 모든 것이 정상이었다.

기나긴 기다림의 시간이 끝난 것이었다. 우리는 승리를 확신하며 승전보를 기다리는 것처럼 기다렸고, 결국 승리는 선포되었다.

싸움은 이렇게 끝이 났다!

딸은 이렇게 말한다. 원래부터 림프암이 아니었을 거라고…, 엄마가 좀 유난스럽다고….

그러나 나의 관점에서는 이야기가 좀 다르다. 이 모든 일을 겪는 동안 내가 경험한 기적은 내 딸이 림프암의 확률이 높았는데 정상 판정을 받았다는 사실이 아니라, 내가 절망스러운 상황과 시간 속에서 인간의 이성과 말로는 도무지 설명되지 않는 하늘의 평화를 누렸다는 것이다.

나는 딸의 몸에 있던 림프절의 변화 경과를 나의 영적 상태와 연결해서 따져 보았다. 놀랍게도 내 딸의 목에 울퉁불퉁 돋아났던 그 많은 크고 작은 혹들의 크기가 줄어들기 시작했던 시점은 바로 내가 주님의 은혜로 그 림프암의 존재를 무시하기 시작하던 바로 그 시점이었다.

예수께서 물 위를 걸어오시는 것을 본 베드로가 자신도 그렇게 하기를 소망하니 주님께서 오라 하셨다. 베드로가 오직 예수를 바라보고 갔을 때 그는 물 위를 걸어갈 수 있었지만 주위의 거센 바람과 파도에 주의를 뺏겨 두려움에 사로잡히는 순간 물속으로 빠져 들어갔다. 예수께서 손을 내밀어 베드로를 잡고 "믿음이 작은 자여, 왜 의심하였느냐" 하셨다(마 14:31).

그 어떤 환경에서도 주 예수님만 바라보면 우리는 자유를 누리고 승리한다. 그러나 우리가 어떤 문제와 상황에만 초점을 맞춘다면 그 문제는 더욱 커지고 상황은 더욱 악화되어 파도처럼 우리를 삼켜 깊고 어두운 절망의 바닷속으로 빠뜨릴 것이다.

나는 두려움과 절망을 온전히 주님 앞에 내려놓고 그 대신 나를 향하신 주님의 약속을 붙잡았다. 나에게 진정한 기적은 내가 그렇게 했을 때 현실 상황의 공포에 짓눌리지 않고 완벽한 하늘의 평화를 경험했다는 것이다.

그 놀라운 경험을 통해 나는 주님의 섭리를 더 알아가게 되었고, 어제보다는 오늘, 오늘보다는 내일, 주님께 항상 더 가까이 나아갈 수 있게 되었다.

지금도 그때를 생각해 보면, 나는 그때 베드로처럼 주님만을 바라보고 바다 위를 걷고 있었다.

고독과
외로움의
다른 점

고독은 즐기는 것
외로움은 느끼는 것

내가 고독할 때
나의 영혼은 더욱 높은
그 무언가의 가치를 추구한다.

내가 외로울 때
나의 영혼은 쓸쓸한 골목길에서
돌아서는 누군가의 뒷모습조차 그리워진다.

외로움은 우리를 슬프게 하지만
고독은 우리를 예술가로 만든다.

외로운 내 영혼아
고독의 날개를 달고
하늘 끝을 넘어
우주 저편의 창조, 그 시작을 찾아가거라.

그곳은 너의 외로움의 종착지고
너의 고독의 완성이다.

/ 20 /
익스프레스 소포

 주님의 시간에

내 나름대로 기적의 정의를 내려본다면, 기적이란 현실적인 조건이나 이성적인 판단으로 가능하지 않은 일이 현실에서 조건 없이 일어나는 것이다.

내가 겪은 첫 번째 기적은 아마 열 살 전 즈음으로 기억된다.

어린 나는 차들이 다니던 거리에서 숨바꼭질하며 친구들과 놀고 있었다. 술래를 피해 숨으려고 뛰다가 달려오던 택시에 치였다.

차는 급정거를 했고, 운전기사 아저씨가 놀라서 차에서 내렸다. 사람들이 몰려왔다. 나는 발이 차 바퀴에 깔려서 움직일 수가 없었다.

공포에 질려 괜찮냐 물어보는 기사 아저씨와 둘러선 사람들에게 나는 조용히 말했다.

"차 바퀴 좀 치워 주세요."

아저씨는 급히 차를 뒤로 뺐고, 나는 바퀴에 눌린 발을 뺐다. 그러고는 아무 일도 없었던 것처럼 옷을 털고 일어나 다시 친구들에게 뛰어갔다. 그리고 그 일은 기억 속에서 까마득히 잊혔다.

어른이 되어서도 힘든 시간과 위험한 순간들이 있었지만, 우연의 일치라고 보기에는 이해되지 않는 기적 같은 주님의 보호를 경험했다. 눈에 보이지 않는 나의 수호 천사가 지켜 준 것이라고 생각하고 아무도 없는 내 옆 빈 공간에 말을 걸어본 적도 있다.

내 인생의 여러 기적 중에서 가장 잊히지 않는 기적은 막내 해리가 태어나던 날이었다.

2001년 11월 중순, 나는 셋째의 출산을 앞두고 있었다.

당시 남편은 사업 때문에 새벽부터 밤까지 바빴고, 나는 만삭의 몸으로 여섯 살, 다섯 살 두 아이를 돌보고 있었다. 출산일이 다가오자 은근히 걱정되었다. 이러다가 남편이 집에 없을 때 갑자기 진통이 오면 누구에게 도움을 청해야 될지 걱정되기 시작했다.

곧 추수감사절이 다가오고 있었다. 미국의 상가는 대부분 그날 문을 닫고 남편도 그날은 집에 있을 것이기 때문에 그날 아이가 태어나면 남편이 모든 것을 도울 수 있을 것 같았다.

혹시나 하는 마음에 의사에게 물어보았지만, 의사는 웃으면서 아쉽지만 추수감사절 지나고 2주 후에나 나올 것이라고 했다. 자연의 순리와 의학적 소견으로는 이미 가능성이 없었지만, 나의 마음속에는 계속되는 희망사항이었다.

그리고 추수감사절 새벽, 몸에 변화가 느껴졌다. 서둘러 남편을 깨워 병원으로 갔다.

신이 나서 병원에 갔지만 간호사가 검진해 보더니 가끔 이렇게 증상을 착각하고 오시는 분들이 있다며, 2주는 더 기다려야 할 것 같다며 집으로 가라고 했다. 실망하여 집에 가려고 하는데 간호사가 "혹시 모르니 한 시간만 더 기다려 봅시다"라고 말했다. 한 시간 후에 간호사가 다시 검사하더니 아니라고 집에 가라고 했다.

다시 나오려고 하는데 간호사 당번이 바뀌는 시간이라 새 간호사가 들어왔다. 이번에도 검사를 하더니 전과 똑같이 2주는 더 기다려야 될 것이라며 집에 가라고 했다. 그리고 나가면서 "그래도 혹시 모르니까 한 시간만 더 기다려 봅시다"라고 똑같은 말을 했다. 그리고 한 시간 후에 그 간호사가 들어와서 진찰하더니 깜짝 놀라는 것이었다. 간호사 생활 20년에 이런 일은 처음이라면서 아기가 곧 나오겠다며 황급히 의사에게 연락했다.

이렇게 나는 아무런 진통도 없이 거의 세 시간을 그저 혹시나 하는 마음으로 기다렸던 것이고, 그렇게 바로 해리가 태어났다. 해리는 이렇게 주님의 익스프레스 소포로 나에게 배달되었다.

결국, 자연의 순리나 의학적 가능성과는 상관없이 나의 소망대로 추수감사절 날에 아이가 태어나 남편이 모든 것을 돌볼 수 있었다.

우리가 꼭 무릎 꿇고 엎드려 기도하지 않아도 우리의 모든 생각까지도 감찰하시는 하나님! 우리의 모든 생각과 소망을 아시는 하나님은 당신의 때에 맞춰 우리에게 답장을 띄우신다.

가끔은 너무 빨리 답장이 배달되어 우리를 놀라게 하기도 하고, 때로는 답장이 오래도록 오지 않아 우리가 지치고 실망할 때도 있다. 그러나 주님의 답장은 그분의 시간에 맞춰서 온다. 지쳐 실망하지 않고 기다리는 것은 우리의 몫이다.

세월이 지날수록 이 아이가 자라나는 과정을 흐뭇하게 지켜보면서 우리를 사랑의 눈빛으로 지켜보시는 하나님 아버지의 마음을 생각하게 된다. 내가 자라나는 아이를 보며 기뻐하듯 하나님도 우리가 당신 안에서 자라나는 것을 보고 얼마나 기뻐하며 웃고 계실 것인가?

해마다 추수감사절에는 친척들이 모두 우리 집에 모인다. 그리고 그날 추수감사절과 더불어 주님이 익스프레스 소포로 우리에게 보내주신 막내 해리의 생일도 함께 축하한다.

해리야, Happy Birthday!

/ 21 /
아버지

 **천국의 자화상**

우리의 성격을 형성하는 데 가장 큰 영향을 끼치는 것은 부모와의 관계다. 오늘날 심리학자들과 상담가 등 모든 전문가들은 인생 최초의 관계인 이 부모와 자녀의 관계가 사람의 심성 형성에 얼마나 중요한지를 이구동성으로 강조한다.

부모와의 관계는 우리와 하나님의 관계를 형성하는 데에도 큰 영향을 미친다.

부모에게 깊은 상처를 받거나 학대를 받아 그 관계가 부정적이라면, 아버지라 일컬어지는 하나님과 애틋한 사랑의 관계를 맺기가 쉽지 않다.

의무, 책임, 순종, 일방적인 권위 등으로 특징지어진 관계라면 하

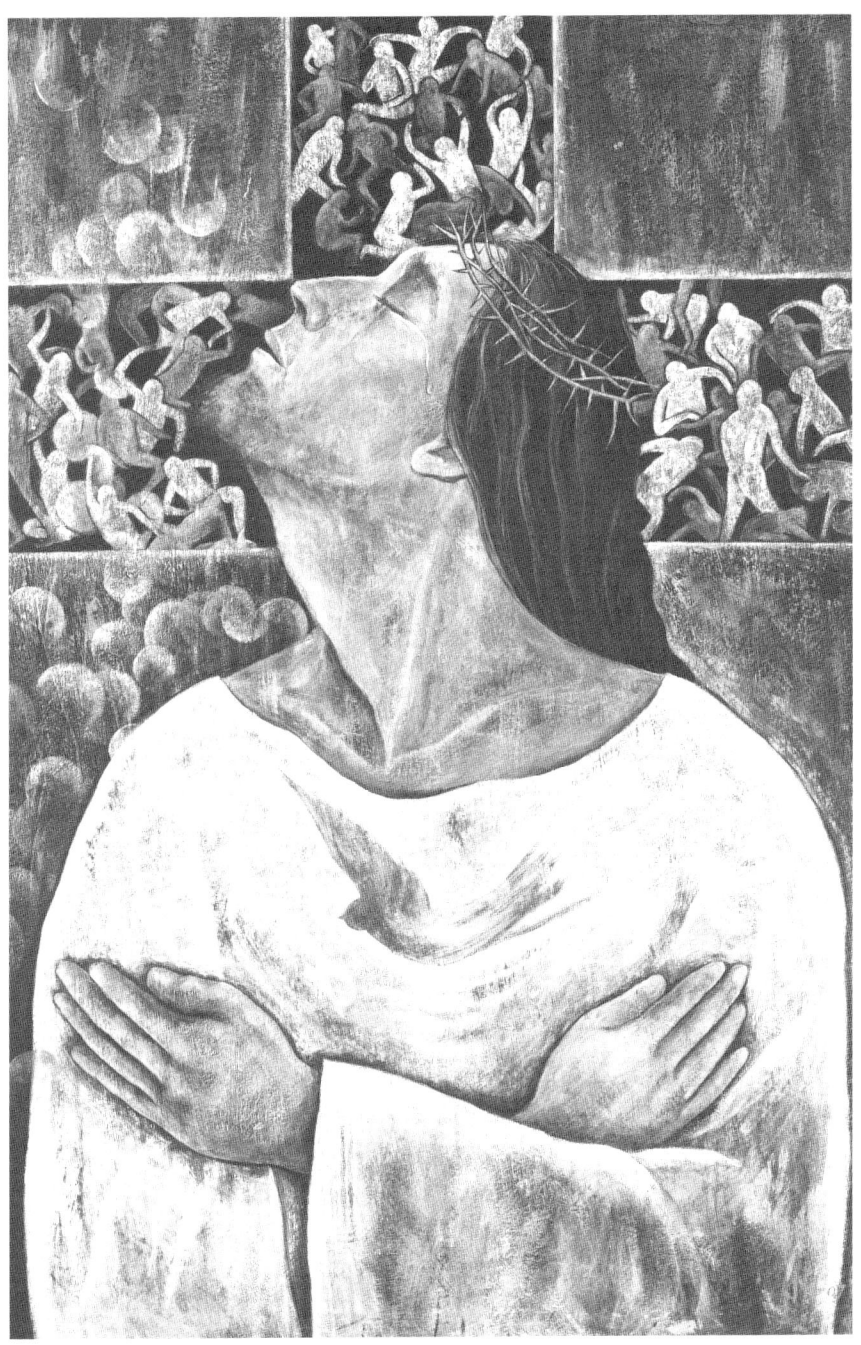

나의 중보자 되신 주 ●

나님도 그렇게 두려워하고 복종해야 할 분으로 알고 섬기게 된다.

그러나 따뜻한 사랑, 거기서 우러나오는 존경, 인격적인 대화, 이해, 관용 등으로 엮인 바람직한 관계로 부모님을 알고 있다면 하나님도 그렇게 성숙하고 사랑하는 자녀로서 믿고 닮고 따를 가능성이 높아진다.

나의 아버지는 어렸을 때 나를 떠났다. 그 성장 과정 안에서 아버지가 있어 주기를 얼마나 바랐는지….

아버지를 많이 닮고 많이 따랐던 나는 떠난 아버지에 대한 그리움과 환상을 마음 깊숙이 간직하고 자랐다. 그런데 나중에 장성해서 만난 아버지는 어린 소녀가 마음속에 그리던 그런 아버지가 아니었다. 내 아버지가 아닌 다른 아이들의 아버지였다. 이번에는 내가 아버지를 떠났다.

첫 번째 헤어짐은 그리움과 환상을 남겼지만 두 번째 헤어짐은 실망과 분노를 남겼다. 이렇게 사랑과 미움의 감정이 뒤섞이다가 전혀 다른 이름의 정서가 생겨났다. 그 이름은 무관심이었다.

마치 빨강, 노랑, 파랑 삼원색의 물감이 섞이면 검정이 되듯, 아버지에 대한 나의 원색적인 감정들은 뒤섞여 짙은 그늘이 되고, 온통 검은 하늘이 되어 버렸다. 내 삶에서 아버지라는 존재를 지워 버리고 싶었다.

그렇게 깜깜하던 내 하늘에 하나님은 총총히 반짝이는 무수한 별들을 보여주시며 내게 다가오셨다. 나의 창문에 담겨 보이는 작은 하늘이 아닌, 끝없는 우주의 별들을 상상하게 하시며, 조금씩 나를 내 하늘 밖으로 이끄셨다.

그러나 여전히 하나님과 나의 관계에서 가장 큰 걸림돌은, 나의 부모의 관계로 형성된 견고하고 건조한 내 마음의 무관심이었다. 하나님 아버지의 사랑에 조금씩 반응하다가, 아버지와의 긴 세월의 그늘로 인해 생긴 그 단단한 무관심이 부메랑처럼 다시 내 가슴을 치고 들어오면 나는 다시 무덤덤하고 메마르고 무관심한 딸로 돌아갔다.

그러던 중에 어느 날 마트에서 장을 보고 있는데 갑자기 주님의 음성이 나를 쿵 하고 때렸다. 마음이 깊은 바닥에서부터 흔들렸다.

"너의 아버지는 나 하나님 아버지인데 너는 왜 이 땅의 아버지로 인해 괴로워하느냐?"

갑작스러운 그 말씀에 깊숙이 깔려 있던 내 숨겨진 아픔이 수면 위로 떠올랐다. 그저 하염없이 울 수밖에 없었다. 그동안 하나님의 보호와 축복 가운데 살고 있었지만 나에게 하나님은 창조주 하나님, 나를 도우시는 하나님이었지 나의 아버지는 아니었다.

이렇게 주님은 나의 가장 아픈 상처, 속은 곪고 또 곪았으나 밖으로 딱딱하게 굳어 겉으로 보기에는 멀쩡했던 이 상처를 수술하기 시작하셨다.

그리고서 얼마 후에 어떤 분이 나를 위해서 기도하는데, 기도가 끝나자 이런 말씀을 하셨다. 나는 누군가가 상아로 수많은 무늬를 조각해 놓은 문을 여는 사람이라고 했다. 어느 누군가가 눈물로 심은 기도의 열매를 노력이 아닌 은혜로 거두는 사람이라는 것이다. 그러면서 그분은 나의 믿음의 조상들에 관해 물어보셨다.

그 후에도 몇 번, 기도하는 다른 몇 분들도 이와 비슷한 말씀을 했다. 나는 한 번도 뵌 적이 없고, 전혀 알지 못했던 나의 조상들이 궁금해지기 시작했다.

그러던 중에 아버지에게 이메일이 왔다. 한 번도 내게 자신의 근황을 이야기할 기회가 없던 아버지가 나에게 연락했다. 아버지는 은퇴 후 예순이 넘은 나이에 신학을 공부해서 목사가 되셨다고 했다. 그리고 러시아를 왕래하며 옛날에 배운 소련어로 교도소와 재활 센터 등에서 복음을 전했다고 한다. 또한 내가 아버지를 떠난 그 시간부터 새벽마다 나를 위해 기도하고 있다고 하셨다. 나에게 정말 미안하다는 진심 어린 사과의 말과 함께….

이 한 통의 이메일은 과거의 기억이 완전히 지워지는 것은 아니었지만 아버지에 대해 다른 관점의 마음이 내 안에 들어오기에 충분했다.

우리는 특히 가족 안에서의 관계가 깨어졌을 때 그 안에 당연히 가해자와 피해자가 있다. 모든 상황이 그런 것은 아니지만 대부분 피해자는 나이 어린 아랫사람이 될 확률이 높다. 가족 안에서 자신의 권위로 누군가에게 상처를 주었을 때 많은 경우 그들은 사과하지 않는다. 그저 자신의 지난날의 과오가 저절로 기억 속에서 잊히길 바란다.

진정한 사과는 우리에게 막혔던 관계를 뚫고 새로운 관계를 시작할 수 있는 가능성을 열어 준다. 아버지의 사과는 꽉 닫힌 내 마음의 문을 조금씩 열어 주었다.

객관적인 관점에서 내가 높이 평가하는 것은 아버지의 결단과 도전이었다. 러시아에서 아버지의 사역이 얼마나 결실을 맺었는지, 또는 그분의 인생이 어떠했는지, 그것은 내가 판단할 문제가 아니고 하나님과 아버지의 문제다.

하지만 사람들이 편하고 쉬운 길을 택하는 나이에 아버지는 복음을 전하기 위해 그 추운 러시아를 오가며 십 년이 넘도록 선교를 했다는 사실, 그 자체는 아무나 쉽게 할 수 있는 일은 아니었다. 아버지는 자식을 돌보고 사랑하는 좋은 아버지로서는 실패했지만, 춥고 어두운 세상에 천국의 씨를 뿌리는 농부로 열심히 살고 계셨다.

그리고 나는 그런 아버지의 딸이었다. 서로 인간적이고 이기적인 생각과 감정으로 뒤얽힌 우리 부녀의 관계를 하나님은 당신의 시간 안에서 당신의 방법으로, 내 마음의 엉킨 실타래를 풀고 계셨다.

이 땅에는 완벽한 부모도 완벽한 자녀도 없다. 부모이고 자녀이기 전에 우리는 한 여자이고 남자다. 인간이다. 불완전한 사람인 우리가 서로에게 상처를 주고 상처를 받는 것은 피할 수 없다.

세상에 완벽한 가정이란 없다. 상처를 입고 부서진 가정들이 있고, 상처를 입고도 회복된 가정들이 있을 뿐이다.

내가 하나님 아버지의 딸이라는 사실을 마침내 깨달았을 때 나는 부모님의 삶과 선택을 조금 더 객관적인 관점에서 바라볼 수 있었다. 그분들은 약하고 불안한 사람들이었다.

나의 자화상의 복원은 많은 것들을 바뀌게 하였다. 우선 나와 내 아이들의 관계를 다시 돌아보았다. 나 또한 부모로서 내 아이들에게 준 상처들이 있음을 알았고, 부모로서 나의 무지함이 가져온 그 아이들의 내면의 상처들을 어루만지고 다시 회복하기 위해 노력하게 되었다. 나의 아이들은 내 소유가 아니고 주님이 내게 맡겨 주신 그분의 아들 딸들이다.

내가 치유되고 회복되기 시작함에 따라 내가 맺는 관계들의 복잡한 문제들이 내 안에서 재조명되기 시작했고, 마치 공식을 알고 풀어가는 수학 문제처럼 하나둘 풀리기 시작했다.

앞으로도 사는 날 동안 또 다른 숙제들이 우리 인생에 계속 주어질 것이다. 하늘의 공식은 언제나 그 모든 문제를 푸는 열쇠이다.

하나님의 부르심에 순종하여 그분의 사랑과 은혜를 그림으로 그리며 살게 된 나는 너무도 많은 복을 받았다. 하나님을 알고 그분과 동행하는 삶은 모든 질서의 회복이고, 모든 복의 시작이었다. 나는 내 그림을 통해 세상에 주님의 사랑과 치유의 은혜를 전한다고 생각하며 이 일을 했지만, 돌이켜 보면 결국 치유되고 회복된 것은 바로 나였다.

나는 이렇게 천국의 이미지를 이 땅에 보여주는 주님의 아티스트로 살아가고 있다.

나답게 사는 것은 하나님이 만든 본연의 나로 살아가는 것이다

Kingdom authority ●

나의 길

가끔은 혼자
때로는 둘이
어떤 때는
많은 이들과 함께

혼자 갈 때 그 길은 외롭고
끝이 보이지 않지만

둘이 갈 때 그 길은 짧고
지루하지 않아 좋다.

친구들과 함께 가는 그 순간들은
마치 세상이 모두 우리를 보고 있는 것 같은
순간의 착각에 빠지기도 한다.

때로는 좁고 위험해 보이기도 하고
아주 가끔은 운 좋은 지름길을 만난 것 같지만

나의 길은
둘도 수많은 친구들도 아닌
결국 내가 가야만 하는 길이다.
말벗이 되어 줄 친구가 없어도
응원해 주는 군중이 없어도
나는 나의 길을 오늘도 걸어간다.

나의 손안엔 주님이 주신
나만의 지도가 있으니까.

/ 에필로그 /

그것은 사랑이었다

이 책을 쓰는 것이 나에게는 지나온 여정을 돌아보는 은혜로운 시간이었고 새로운 꿈을 꿀 수 있는 또 다른 출발이었다.

나는 내가 주님의 그림을 그리면서 깨닫고 겪은 것들을 꾸밈없이 솔직하게 쓰기를 원했다.

이 책은 과장 없이 담은 나의 이야기다.

그러나 원고를 끝내고 난 후에도 무엇인가 부족하고 허전한 느낌으로 출판을 미루고 있었다. 그것은 바로 사랑 때문이었다.

고전 13:1-3 "내가 사람의 방언과 천사의 말을 할지라도 사랑이 없으면 소리 나는 구리와 울리는 꽹과리가 되고 내가 예언하는 능력이 있어 모든 비밀과 모든 지식을 알고 또 산을 옮길 만한 모든 믿음이 있을지라도 사랑이 없으면 내가 아무것도 아니요 내가 내게 있는 모든 것으로 구제하고 또 내 몸을 불사르게 내줄지라도 사랑이 없으면 내게 아무 유익이 없느니라."

가장 힘든 것이 바로 이 사랑이라는 것이다.

진정한 사랑이 무엇인지 생각할수록 나는 자격 미달이었다.

내가 하나님의 사랑을 그림으로 그리고, 그 그림을 통해 많은 사람의 마음에 주님의 사랑과 은혜를 심어준다 할지언정 내 속에 사랑이 없으면 나는 소리 나는 구리와 울리는 꽹과리이다.

내 마음은 내가 상처를 받았던 나의 부모와 나를 힘들게 했던 사람들로부터 참으로 회복이 되었나?

그것이 사랑의 증거라면 나는 여전히 자신이 없었다.

그러던 어느 날 하이디 베이커(Heidi Baker) 목사님의 집회에서 그림 사역을 하게 되었다.

청소년기에 하이디 목사님은 어머니에게 큰 상처를 받고 마음의 문을 닫아 버렸다.

나중에 선교사가 되고 아프리카의 고아들을 위해 수많은 위험 속에서도 희생을 무릅쓰고 헌신하여 영웅적인 업적을 이루었지만 어머니를 향해 닫힌 마음은 쉽게 열리지 않았다.

  가족도 동포도 아닌 먼 나라의 타인들을 위해 목숨을 걸면서도 막상 자신의 어머니는 사랑할 수 없었던 스스로에 대해 얼마나 고민하고 갈등을 했을까?

  나는 그 마음을 어느 정도 이해할 수 있었다.

  그러던 중, 마침내 성령님의 은혜로 어머니를 용서하게 되었다고 했다. 마음에 쌓여 있던 모든 벽이 일시에 허물어지며 다시 어머니를 사랑할 수 있었다고 하였다.

  하이디 목사님의 이야기는, 진정한 용서와 사랑의 회복이란 사람의 이성적 힘이 아닌 성령의 은혜로 된다는 것을 말해 주고 있다.

  그리고 어느 날, 그런 성령의 은혜가 치유의 광선처럼 나에게 찾아왔다.

  마치 기억상실증에 걸린 것처럼 더 이상 어떤 기억도 내 마음의 평온함을 깨지 못했다.

나는 하나님의 사랑을 전하는 그림을 그리면서
다시 꿈을 가질 수 있었고,
내 가족의 소중함을 알게 되었고,
과거의 상처로부터 치유함을 받았고,
내 영혼의 자유를 얻었고,
마침내 사랑을 회복했다.

나의 그림은 내 삶에서 주님이 주시는 모든 복의 통로였다.
내가 그리는 그림은 주님과 나의 사랑의 언어다.

주님, 사랑해요!

2012년 즈음

자넷 현

이 책은 2014년 영문으로 출판되었고 한국 독자들을 위해 한국어로 재출판 했습니다.

천국의 그림
하나님 마음을 그리다

1판 1쇄 인쇄 _ 2021년 12월 24일
1판 1쇄 발행 _ 2021년 12월 30일

지은이 _ 자넷 현
펴낸이 _ 이형규
펴낸곳 _ 쿰란출판사

주소 _ 서울특별시 종로구 이화장길 6
편집부 _ 745-1007, 745-1301~2, 747-1212, 743-1300
영업부 _ 747-1004, FAX 745-8490
본사평생전화번호 _ 0502-756-1004
홈페이지 _ http://www.qumran.co.kr
E-mail _ qrbooks@daum.net / qrbooks@gmail.com
한글인터넷주소 _ 쿰란, 쿰란출판사
페이스북 _ www.facebook.com/qumranpeople
인스타그램 _ www.instagram.com/qrbooks
등록 _ 제1-670호(1988.2.27)
책임교열 _ 최가영·송은주

ⓒ 자넷 현 2021 ISBN 979-11-6143-630-2 94230

책값은 뒤표지에 있습니다.
이 출판물은 저작권법에 의해 보호를 받는 저작물이므로 무단 복제할 수 없습니다.
파본(破本)은 구입처에서 교환해 드립니다.